꿈 같은 거 없는데요

특별한 재능도, 확실한 꿈도 없는
99% 아이들을 위한
미래 설계 '적성 찾기' 프로젝트

꿈 같은 거 없는데요

· 강지원 지음 ·

쌤앤파커스

Contents

프롤로그
내일을 준비하며 오늘을 빼앗긴 아이들을 위해 • 8

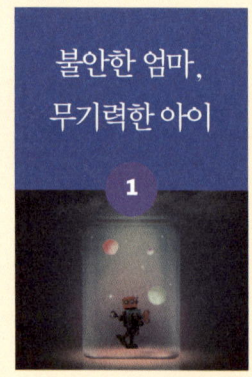

불안한 엄마, 무기력한 아이　1

토끼와 거북이는 애초에 대결 상대가 아니었다 • 21
4차 산업혁명이라는 유령 • 25
나는 과거에 없었고 미래에도 없을 유일한 존재다 • 30
공부, 아니다 싶으면 당장 그만둬라 • 33
어쩌다 행정고시, 얼결에 사법고시 • 37
직업 종말의 시대, 이제는 무얼 하면서 살지? • 41
Q&A "공무원은 영원하지 않을까요?" • 46

2. 꿈이 정말 없을까?

뇌 발달로 보는 적성 찾기의 골든타임 • 53
"꿈 같은 거 없는데요." • 65
적성 찾기의 시작, 꿈에 대해 나누기 • 68
막연한 꿈을 쓸모 있는 꿈으로 • 75
꿈이 추구하는 가치와 의미 • 78
삶의 진짜 목표, '최상의 행복' • 81
Q&A "꿈이 없다는 우리 아이, 어떻게 하죠?" • 85

3. 시키는 대로 잘 하는 '착한 아이'의 시대는 끝났다

자유학년제, 200% 활용하기 • 93
흥미인가? 재능인가? • 99
아이 스스로만이 찾을 수 있다 • 102
일단, 체험하게 하자 • 106
하고 싶고 잘하는 일, 마음껏 해 보자 • 111
적성을 사랑할 때 다가오는 행복 • 117
Q&A "시간이 부족한 워킹맘은 어쩌죠?" • 122

4. 적성 찾기 : 특기는 없어도 적성은 다 있다

적성검사에서 왜 진짜 적성을 찾지 못할까? • 131

적성은 하나가 아니다 • 134

적성 찾기 3단계 • 137

숨은 장점을 찾아내는 법 • 147

오직 나만의 독특한 능력 • 151

오직 나만의 길 • 155

Q&A "하고 싶은 건 많은데, 잘하는 건 없어요." • 159

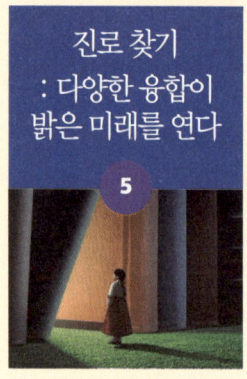

5. 진로 찾기 : 다양한 융합이 밝은 미래를 연다

내 발걸음이 길이 되는 시대 • 165

독창적인 융합 레시피를 만들자 • 169

진로 찾기 3단계 • 173

대체 불가능, 유일무이한 융합형 인재 • 179

다시 쓰는 '나의 꿈' • 182

Q&A "적성을 융합해도 써먹지 못할 것 같아요." • 186

6. 대학, 꼭 지금 갈 필요 없다

세계적인 셰프가 되고 싶다면? • 191
"고졸로 어딜 취직해요?" • 196
대학 졸업장, 필요할 때 받자 • 199
스스로 고민할 시간과 기회를 주자 • 202
이제는 적성 찾기 교육으로 바꿔야 한다 • 205
70%는 나중에 대학 가자 • 208
그래도 대학에 곧바로 갈 아이들 • 212
Q&A "이런 상황에서 적성을 찾을 수 있을까요?" • 215

7. '오늘'의 행복을 모르면 '내일'의 행복도 없다

"퇴사할까요?" • 221
인생 4모작 시대가 왔다 • 224
한 우물만 파라는 말을 조심하라 • 227
평생 계속할 자기발견 습관 • 229
적성의 삶 실천하기 • 231
나는 어디에서 행복을 찾고 있나? • 236
지금 이 순간, 최상의 행복 • 239
Q&A "내일은 어떤 의미일까요?" • 245

에필로그
'일'찍 '취'직해서 '월'급 받고 '장'가가자 • 248

부록
'적성 발견', '진로 탐색' 워크북 • 257

프롤로그

내일을 준비하며
오늘을 빼앗긴 아이들을 위해

∽

우리 부모들의 마음은 급하다. 지금 초등학생인 아이가 성인이 되면 2030년 즈음이 될 것이다. 그때가 되면 세상이 엄청 변해 있을 것이라는 전망은 수도 없이 나오고 있다. 멀리 가지 않아도 당장 코앞에 4차 산업혁명인지 뭔지가 온다는데 도대체 우리 아이에게 어떤 영향을 미칠지 도무지 종잡을 수가 없다.

과거 인류 역사를 돌아보면 기술의 발전은 세상을 엄청나게 변화시켜 왔다. 불, 바퀴, 화약, 전기, 전화, 자동차, TV, 컴퓨터, 인터넷, 스마트폰 등이 등장할 때마다 세상은 요동쳤다. 산업구조나 경제구조를 바꾸는 것뿐 아니라 개개인의 먹고 자고 일하는 일상까지도 수없이 바꿔 왔다. 그렇다고 온 인류가 깜짝 놀라 어쩔 줄 몰라 했었나? 그렇지 않다. 편리한 도구로 받아들이면서 적응했다.

4차 산업혁명의 대표적 사례로 꼽는 인공지능과 로봇은 도대체 앞으로 무슨 일들을 어떻게 해낼지 아무도 모른다. 다만 분명한 사실은 단순 반복 작업은 물론이고 기계적인 기억이나 정보 분석까지도 인간보다 훨씬 더 정확하고 신속하게 해낼 것이라는 사실이다. 그렇게 되면 수많은 직업이 사라지고 또 수많은 직업이 새롭게 만들어질 것이다. 먹고사는 방식이 지금과는 크게 바뀔 것이다. 그렇다면 우리 아이들은 평생 몇 개의 직업을 갖게 될까? 또 같은 직종이라도 한 직장이 아니라 몇 군데의 직장을 옮겨 다니게 될까? 아마도 평생 종사할 직업은 사라질 것이다. 지금도 그렇지만 평생 다닐 직장은 더더욱 사라질 것이다. 그런데도 우리 아이들에게 현존하는 여러 직업, 직장을 두고 진로 지도를 한다? 이게 도대체 무슨 의미가 있는지 생각해 보지 않을 수 없다.

1997년에 있었던 'IMF 구제금융'을 기억할 것이다. 아마도 아이들을 키우는 부모 세대가 새로운 꿈을 꾸며 미래를 그렸을 젊은 시절이지 않았나 싶다. IMF를 전후로 우리 사회는 많은 것이 급격하게 바뀌었다. 웬만해서는 거들떠보지 않던 공무원에 안정적이라는 이유로 사람들이 몰리기 시작했다. 그리고 대학만 졸업하면 대기업도 골라서 갈 수 있던 시대에서 바늘구멍을 통과하는 시대로 바뀌었다. 그러고서도 끊임없이 계속되는 무한경쟁에서 살아남기 위해 치열하게 발버둥 쳐야 한다. 직업의 세계에 태풍이 몰아쳐 많은 일자리가 사라졌고, 남았더라도 그 지위가 예전 같지 않다. '더 이상 영원한 것은 존재하지 않는다', '모두가 경쟁자이고, 어떻게 하든 이겨야 한다'는 생각이 모두에게 자리 잡게 되었다. 그리고 4차 산업혁명으로 대표되는 새로운 변화가 시작되었다. 20년 전 IMF와는 비교할 수 없는 변화의 파도가 밀려오고 있다. 직업의 세계 또한 상상할 수 없는 변화가 일어날 것이 분명하다.

직업이란 사람이 타고난 여러 가지 적성을 이리저리 여러 방법으로 융합해서 당시의 사정과 형편을 고려해 가장 적절한 것을 선택해 결정하는 것이다. 그러니 선택은 5년 후, 10년 후 어쩌면 20년 후 그때 가서 하면 된다. 지금부터 조바심을 내어 장차 없어져 버릴지도 모를, 그 황당한 직업들을 두고 고민할 일이 아닌 것이다.

이에 비해 적성 찾기는 지금 당장 시작해 평생 습관이 되도록 부지런히 연습하고 실천해야 하는 과제다. 내 적성을 찾아 두면 그 적성은 언제 어디서나 마음껏 활용할 수 있는 자원이 된다. 또 적성 찾기가 습관이 되면 앞으로 새롭게 등장할 직업에 대해서도 나에게 맞는지 아닌지를 실수 없이 판단할 수 있다. 어쩌면 듣도 보도 못한 새로운 직업을 만들 수 있게 될지도 모른다.

물려줄 것은 돈도 스펙도 아닌, 오늘을 살아낼 기본기

곤히 잠든 아이를 무심코 볼 때면 머릿속을 스치는 생각이 있다. '친구들과 잘 어울리고 있을까?', '학교생활은 제대로 하고 있는 걸까?' 하는 것들도 있지만 '저 아이는 커서 무엇이 될까?', '어떤 인물이 될까?' 하는 것은 항상 빼놓지 않고 떠오르는 생각이다.

타고난 무엇이 있는 것 같기도 하고, 열심히 가르치고 힘닿는 대로 뒷바라지하면 괜찮은 물건이 될 것 같기도 하다. 하지만 부모 된 내가 구체적으로 무엇을 어떻게 해야 제대로 세상에 내보낼 수 있을까 하는 과제를 깊이 있게 생각해 보지 않는 경우가 많다. 오히려 '그 집 엄마는 뭘 시키지?' 혹은 '방송에서 유망하다고 했던 게 뭐였지?' 처럼 귀동냥을 하거나 눈치를 보는 경우가 더 많았을지 모른다.

그동안 만났던 부모들은 단숨에 '진로'의 문제로 접근하는 경우가 많았다. 하지만 먼저 생각할 것이 있다. 원래 타고난 소질과 능력, 성격 등을 말하는 '적성'이 그것이다. **중요한 점은, 사람이 가진 적성은 하나가 아니고 여러 가지라는 것이다.** 진로는 발견한 여러 적성을 다각도로 융합한 결과에서 선택하는 것이다. 그렇기에 우리 아이들 교육의 최우선 과제는 다름 아닌 '적성 찾기'다. 그 적성을 찾아야 대학에 먼저 보내야 할지, 먼저 취업하고 대학은 나중에 생각하는 게

옳은지 판단할 수 있다. 대학에 갈 경우에도 어떤 전공을 할지, 취업을 한다면 어떤 직장을 선택할지 결정할 수 있다.

부모들은 아이들의 적성 찾기에 관심을 보이고 있지만, 적극적으로 나서지 못했던 것이 사실이다. 왜 적성 찾기가 중요한지, 어떻게 해야 할지를 누구도 가르쳐주지 않았기 때문이다. 또한 우리 사회는 적성을 무시하고 그저 "돈, 돈!" 하거나 사회적 지위나 명성, 안정성에만 집착해 진로를 말했기 때문이기도 하다. 적성은 특별활동의 일환으로 적성검사를 하는 수준에 머물렀다.

부모는 아이들 스스로 적성을 찾도록 가능한 많은 기회를 만들어 주어야 한다. 그렇다고 '비행사? 요리사는 힘들까? 아니면, 간호사?' 처럼 단순한 생각은 안 된다. 세상에 존재하는 수많은 직업을 체험한다는 것이 가능하겠는가? 그런데도 진로만을 목적으로 '직업 체험'을 하는 것이 현실이다. 앞서 말했듯, 직업은 하나의 적성만으로 결정할 수 없다. 집중력이 좋은지, 변화에 잘 적응하는지, 타인의 아픔에 깊이 공감하는지 등 여러 적성을 발견하고 융합하게 도와야 한다.

먼 길 헤매지 않으려면

급변하는 세상을 이겨내기 위해 필수적인 능력은 변화에 대처하는 개척정신이다. 기존의 것을 과감히 떠나 새로운 길을 찾아야 미래를 살아낼 수 있기 때문이다. 이런 끊임없는 변화에 어떻게 대처할까? 믿을 것은 오직 하나, '타고난 적성'이다. 늘 적성을 찾고 활용하는 습관을 갖추면 변화에 휩쓸리지 않고 직업이나 진로를 현명하게 선택할 수 있다. 어떤 변화가 와도 두렵지 않다. 세상을 헤쳐 나갈 힘이 나에게 있기 때문이다. 이것은 신이 준 축복이자 선물이다.

사람은 적성에 맞는 일을 할 때 가장 행복하다. 왜냐하면 '하고 싶고, 잘하는 일'이 적성이기 때문이다. 아무리 돈을 많이 벌어도 적성에 맞지 않으면 힘들고 불편하다. 불행할 수밖에 없다. 이런 적성은 '자기탐색'과 '자기발견'의 가장 중요한 대상이다.

나부터도 적성에 맞지 않는 일에 엄청난 시간과 역량을 낭비했던 것을 무척이나 후회하고 있다. 검사 시절 수없이 만났던 비행 청소년의 경우도 마찬가지였다. 그 아이들에게는 여러 이유가 있겠지만, 가장 핵심은 '하고 싶고, 잘하는 일'을 미처 몰랐고 하지 못한 데 있었다. 청소년 문제를 연구하기 전에는 깨닫지 못한 사실이었다. 그 아이들이 적성을 찾고 그것에 몰입하게 했더니 놀라운 변화가 나타났다. 그 일에 빠져 딴생각을 하지 않고 자신의 길을 찾아간 것이다. 이렇게 간단한 이치를 두고 먼 길을 헤매고 다녔던 것이다.

사랑하는 다음 세대들에게 나와 같은 실수를 반복하지 말고 일찍부터 타고난 적성을 찾으라고 하고 싶다. 그리고 우리 부모들에게 간곡하게 권하고 싶다. 무조건 일류 대학, 대기업 그리고 '사'자 붙은 직업을 좋아하지 말라고 말이다. 돈이나 권력, 사회적 지위와 명성, 인기부터 찾지 말고 나의 타고난 적성을 찾아야 진정한 행복을 경험할 수 있고 그것이 바로 참된 성공이라고 말이다.

적성 문제는 우리 아이들만의 문제가 아니다. 부모들의 문제이기도 하다. 남들 보기에 좋아 보이는 공무원이나 대기업이 자신에게 맞지 않는다며 심각하게 고민하는 이들이 적지 않다. 퇴직 후 인생 2막을 맞아 '도대체 무얼 해야 하냐'며 '삼식이'가 되어 소파에 앉아 고민만 하는 이들도 많다. 적성을 살펴볼 생각은 하지 않고 그저 돈이 되는, 쉽고 괜찮은 일이 없는가에만 몰두하고 있는 것이다.

적성은 누구나 일평생 수시로 찾고 의미를 부여해야 하는 삶의 과제다. 계속해서 기본적 습관으로 삼고 적성 찾기를 실천해야 한다.

이 책은 '아주 간단한' 메시지를 담고 있다. 적성 찾기 3단계와 여러 적성을 융합한 진로 찾기 3단계를 제시한다. 이런 습관으로 평생

동안 수없이 만나게 될 변화 속에서 아무도 가지 않은 길, 나만의 길을 개척하자고 제안한다. 이것이 바로 우리 모두가 함께 행복하고 진정한 성공으로 가는 길임을 말하고자 한다. 여기에는 우리 어른 세대들의 회개하고 반성하는 마음이 고스란히 담겨져 있다고 할 수 있다.

아이들에게 오늘의 행복을 찾아주자

요즘 우리 아이들을 만나면 그들이 가지고 있는 재능에 깜짝 놀라곤 한다. 조리 있고 자신 있게 자신의 생각을 말하는 것은 기본이고 촌철살인의 표현으로 글도 잘 쓰고 체력도 어른들이 어렸을 때와는 비교할 수 없이 월등하다. SNS 같은 새로운 통로를 활용해 적극적으로 소통하고 창의력이나 상상력도 빛나는 것을 볼 수 있다.

이렇게 어른과는 비교할 수 없는 무궁무진한 가능성을 가진 아이들의 기를 죽여서는 안 된다. 획일적인 교육을 강요해서도 안 된다. 하기 싫다는 공부를 억지로 시키지도 말아야 한다. 아이들이 적성을 찾고 발휘하면서 기를 펼 수 있도록, 가능성을 실현하도록 해야 한다.

사랑하는 우리 아이들이 스스로의 적성을 찾을 수 있도록 돕자는 간곡한 메시지를 전하기 위해 시작한 이번 책의 집필 작업 내내 머릿속을 떠나지 않은 뮤지컬 영화의 한 장면이 있었다. 영화를 보았을 때 한참 동안 눈물을 멈출 수 없었다. 〈레미제라블〉의 장면이었다.

장발장에게는 양녀로 키운 여자 아이 코제트가 있다. 그 아이에게 마리우스라는 남자친구가 생기게 되었다. 그런데 그 친구가 혁명군에 가담해 싸우다 총에 맞아 쓰러지고 만다. 장발장은 쓰러진 마리우스를 보고 안타까워하며 간절히 눈물로 기도하면서 무릎을 꿇는다.

하늘에 계신 신이시여, 제 기도를 들어 주소서.
저는 이미 늙었습니다.
그러나 저 아이는 젊습니다.
당신께서는 생명을 주실 수도 있고,
다시 가져가실 수도 있습니다.
저 아이를 살려 주십시오.
제가 죽어도 된다면 저를 데려가시고,
저 아이를 살려 주소서.

나를 포함한 우리 어른들이, 이 어그러진 세상에서 힘들어하는 우리 아이들을 바라보는 마음은 모두 장발장의 기도 같을 것이다. 아이들이 어떤 어려움에도 포기하지 않을 자신감과 옳지 않은 것에 눈감지 않을 용기, 자신을 아끼고 사랑할 줄 아는 자존감으로 충만해 자신과 이웃, 공동체가 다함께 진정으로 행복한 시간을 누리는 모습을 보고 싶을 것이다. 알 수 없는 내일을 위해 다시는 오지 않을 오늘을 희생당하지 않고 오늘을 살 수 있도록 해야 한다. 어제는 지나간 오늘이고, 내일은 다가올 오늘이다. 오늘부터 행복할 줄 아는 습관을 들이지 않으면 나중에 언제 뒤늦은 행복을 맞이할 것인가? 늦었지만 지금부터라도 우리 아이들이 지금, 여기에서 오늘의 행복을 누릴 수 있도록 다함께 노력하자고 제안하고 싶다.

1

불안한 엄마,
무기력한 아이

∞

수없이 많은 직업이 사라지고 그만큼 새로운 직업이 등장했다. 앞으로도 그럴 것이다. 그러니 미래를 예측해 진로를 결정하겠다는 생각은 애초에 접어 두는 것이 좋다. 세상의 변화를 기웃기웃하며 남들이 만들어 놓은 길에 어떻게든 들어가려 애쓰기보다 나에게서 답을 찾자는 것이다. 적성은 결코 배신을 하지 않는다.

토끼와 거북이는
애초에 대결 상대가 아니었다

∞

이솝우화에 '토끼와 거북이' 이야기가 있다. 토끼와 거북이가 경주를 하던 중 한숨 자고 일어나도 이길 것으로 생각한 토끼가 끝까지 포기하지 않았던 거북이에게 졌다는 이야기다. 거북이의 끈기와 노력이 토끼의 자만과 게으름을 이겼다는 교훈을 준다. 교훈이라는 측면에서 본다면 그럴듯한 이야기라 할 수 있다. 그런데 토끼와 거북이가 경주하는 모습을 보려면 어디로 가야 할까? 이 세상 그 어느 곳에 가도 볼 수가 없다. 도무지 어떤 정신 나간 토끼가 거북이와 경주를 하겠느냐는 말이다. 튼튼한 뒷다리로 깡충깡충 뛰는 적성을 가진 토끼가 딱딱한 등껍질을 지고 엉금엉금 기는 적성을 가진 거북이와 경주를 할 이유가 없는 것이다.

'개미와 베짱이' 이야기도 마찬가지다. 개미는 1년 내내 열심히 먹이를 찾아 나서고 일하는 적성을 타고났다. 베짱이는 더운 여름철 시원한 그늘에 누워 아름다운 노래를 부르는 적성을 가지고 태어났다. 물론 이야기 속 개미와 베짱이 말이다. 그들은 그들 나름대로의 삶이 있다. 그런데 이 둘을 획일적으로 비교해서 베짱이를 느닷없이 게으름뱅이의 대명사로 만들어 버렸다. 여름 내내 노래만 부르던 베짱이가 추운 겨울이 되자 개미에게 구걸하러 가는 것으로 그린 것이다.

만일 이런 사실을 토끼나 베짱이가 알게 된다면 어떻게 했을까? 그들은 이솝을 상대로 명예훼손죄로 고소했을지 모른다. 교훈을 위해 만든 이야기라고 변명하겠지만, 각자의 타고난 적성을 무시한 잘못된 설정이다. 이런 지적은 20여 년 전에 한 언론사에 게재되었던 나의 칼럼에서 다뤘던 것인데, 이후 교육계를 중심으로 인용하고 있는 점은 다행이고 고마운 일이다.

거북이와 토끼, 개미와 베짱이도 그런데 사람은 어떠한가. **사람은 타고난 적성이 모두 다르다. 똑같은 사람은 단 한 명도 없다. 그런데도 이 세상은 보이게 혹은 보이지 않게 모두를 똑같이 규격화하려는 시도가 끝없이 이어진다.** 요즘 4차 산업혁명을 계기로 교육 현장에서 획일적으로 '창의성'을 강조하는 것도 이에 해당한다. 모든 사람이 창의적 발상을 가지고 살아간다면 세상은 꽤나 발전할 것 같다. 그러나 모든 사람에게 창의적이 되라고 강요하는 것은 다른 문제다. 모든 사람은 결코 창의적이지 않다. 창의성이 있느냐, 없느냐 또는 창의성이 크냐, 작으냐는 어디까지나 적성의 문제다. 하루 종일 꼼꼼하게 회계 업무를 해야 하는 사람이 지나치게 창의성이 높으면 어찌 될까? 업무 프로세스를 창의적인 방법으로 개선할 수는 있다. 하지만 업무 자체에 창의성이 크게 요구되지 않는 분야는 분명 존재한다. 창의성은 누구에게나 강조할 일은 아닌 것이다.

사회성도 마찬가지다. 특히 학교에서는 친구들과 잘 어울리지 못한다며 사회성이 부족하다고 지적하는 경우를 많이 본다. 세상의 모든 사람이 사회성이 높아야 하는 것은 아니다. 또 그럴 수도 없다. 사회성이 있느냐, 없느냐 또는 사회성이 크냐, 작으냐도 어디까지나 적성의 문제일 뿐이다. 연구가 적성이 맞아 하루 종일 책상에 앉아 있는 사람에게 사회성을 키우라고 한다면 그의 본 업무인 연구를 어떻게 수행하겠는가. 사회성 발달도 적성에 따라 정도의 차이가 있음을 유의해야 한다. 획일적으로 강요하거나 평가할 일이 절대 아니다.

늙어 죽기까지 우리를 괴롭히는 외국어도 생각할 부분이 있다. 대한민국은 모든 어린이와 청소년들에게 영어 공부를 의무적으로 시키고 있다. 심지어 모국어도 익히지 못한 영유아까지도 영어를 강요

1장

하는 실정이다. 언어란 소통을 위해 배우는 것이다. 우리가 영어를 그렇게 열심히 배워 평생 살아가면서 얼마나 사용하게 될까? 어쩌면 입 한 번 떼어 볼 기회가 없는 이들도 굉장히 많다. 평소 쓸 일이 전혀 없다가도 나중에 꼭 필요하게 되면 통역을 활용하면 될 일이다. 벌써부터도 스마트폰만 있으면 서로의 말을 번역할 수 있지 않은가? 그럼에도 불구하고 너나없이 그처럼 많은 시간을 써먹지도 못할 영어에 소비할 필요가 있을까 하는 문제는 다시 생각해 봐야 한다.

사회의 구성원으로서 인생을 살아가는 데 반드시 알아야 할 기초적인 부분은 공통적으로 공부한다 하더라도 획일적으로 불필요한 공부를 강요하는 것은 모두에게 도움이 되지 않는다. 급격한 변화를 온몸으로 경험하고 있는 변화의 시기에는 더더욱 그렇다.

4차 산업혁명이라는 유령

∾

　요즘 인공지능과 로봇, 빅데이터 등으로 대표되는 4차 산업혁명과 관련해 앞으로 직업의 세계가 어떻게 변화할지 예측할 수 없다고 앞다투어 강조하고 있다. 특히 우리나라에서 더욱 심한 것 같다. 거칠게 표현하면 호들갑을 떤다고 할 정도로 사회 전반의 이슈가 되고 있다. '4차 산업혁명'이라는 용어는 본래 독일에서 '인더스트리 4.0'으로 불리던 것이 스위스 다보스에서 열린 세계경제포럼에서 클라우스 슈밥 회장이 언급해 우리나라에서 유난히 유명해진 개념이다. 그의 정의에 의하면 인공지능, 로봇, 빅데이터 등의 기술이 나노기술, 바이오기술, 정보기술, 인지과학의 융합기술로 발전하고 이로 인한 '지능형 사이버 물리 시스템'이 생산을 주도하는 사회구조로의 혁명이 4차 산업혁명이다. 이것이 실현된다면 현실세계를 가상세계에 옮

1장

겨 놓고 디지털을 기반으로 살아가는 것이 가능해지는 초연결, 초지능 사회가 되는 것이다. 이렇게 되면 단순 반복적이고 위험한 작업에 대해서는 일자리 수요가 대폭 감소할 것으로 예측된다.

영국 BBC는 향후 20년 이내 로봇으로 대체될 직업으로 단순 반복적인 업무를 중심으로 표준화 가능한 대표적인 분야들을 꼽았다. 예를 들어 텔레마케터 · 비서 · 경리 · 검표원 · 판매원 등이다. 기술이 인간의 능력을 대체하게 됨으로써 콜센터 · 통신판매 등은 큰 타격을 받을 것이고, 위험 임무 수행에 드론이나 로봇과 같은 무인 시스템이 도입될 것으로 예상하고 있다. 반면 4차 산업혁명을 이끌 신기술 직종과 자동화로 대체되기 어려운 창의적이고 감성적 직종에서는 일자리가 증가할 것으로 예상된다. 그리고 지역공동체 비즈니스나 대면 서비스 등 로컬리즘 산업 등을 유망 분야로 예측하고 있다.

이처럼 4차 산업혁명 시대에는 단순 반복적이고 위험한 작업은 인공지능, 로봇의 몫일 것이므로 누구나 똑같이 할 수 있는 이런 작업은 모두가 포기하게 될 것이다. 반면에, 신기술이나 자동화가 대체하기 어려운 창의성 · 감수성 · 전문성 · 기획 · 소통 · 상담 · 협력이 필요한 작업은 인간이 가진 특별한 역량에 따라 감당할 수 있는 작업이기에 기계가 아닌 인간의 몫이 될 것이다. 그러면 이런 작업은 각자의 적성에 따라 할 수밖에 없는 작업이 된다. **그렇기에 4차 산업혁명**

시대를 지나 미래에서는 성공을 위해, 더 근본적으로 생존을 위해 그 어느 때보다 각자의 적성 찾기가 더욱 요구되는 시대가 되는 것이다.

이제는 적성에 기초해 새로운 문명에 적응하고 현재를 토대로 새로운 세상을 만들어 가겠다는 포부를 다져야 한다. 과학기술 분야에 적성이 맞는 이들은 지금의 로봇이나 인공지능을 토대로 더 나은 기술을 창조할 것이고, 농업이나 의학에 적성이 맞는 이들은 지금의 기술 수준을 바탕으로 또 다른 발전을 이뤄낼 것이다. 앞으로는 근본적인 인간 존재에 대한 고민과 복잡해지는 이해관계의 조정을 위해 인문학이 주목받게 될 것이다.

그러나 냉철하게 생각하면 그렇게까지 놀라고 걱정할 일은 아니다. 인류의 역사는 늘 그렇게 변화하고 발전했기 때문이다. 과거에 불·바퀴·화약·전기·자동차·TV·전화·컴퓨터·인터넷·스마트폰이 등장했을 때도 세상은 요동쳤다. 그렇지만 그렇다고 인류가 감당하지 못했던 적은 없었다. 하나의 발전으로 받아들이고 적응했을 뿐이다. 어느 집에나 한 대씩 가지고 있던 집전화와 외출할 때면 필수적이었던 공중전화가 손바닥만한 스마트폰으로 바뀌는 과정에서 뭐 그리 크게 놀라면서 살아왔나? 레코드판이 카세트로, 그리고 CD에서 다시 음원으로 바뀌었다고 당황하지 않았다. 세월이 좋아져

못 보던 물건이 나타났구나 하고 생각했을 뿐이다. 앞으로는 드론을 타고 출퇴근을 하는 시대가 된다고들 한다. 이 또한 하나의 새로운 변화로 받아들이게 될 것이다.

기술과 문화의 변화만 있을까? 지금도 문제가 되고 있는 지구 온난화와 이로 인한 기상이변과 자연재해, 극심한 식량 부족이 불러올 전쟁, 환경오염의 결과로 나타날 인구 감소 등 생각만 해도 끔찍한 일들이 언제 어디서 시작할지 모르는 일이다.

중요한 것은, 세상은 반드시 어떻게든 변한다는 사실이다. 그러니 너무 놀라지 말자는 것이고, 동시에 변화를 늘 생각하며 방심하지 말자는 것이다.

직업의 변화 또한 그렇다. 수없이 많은 직업이 사라지고 그만큼 새로운 직업이 등장했다. 앞으로도 그럴 것이다. 그러니 미래를 예측해 진로를 결정하겠다는 생각은 애초에 접어 두는 것이 좋다. 누가 언제 어떤 발명을 할지 모르는 상황에서 다 쓸모없어질 예측을 하기보다 그저 변화에 적응하면서 참고하는 것이 최선이다.

이런 변화에서는 평생학습이 필수적으로 요구된다. 자신이 종사하는 직업이 언제 사라지고 새로운 직업이 언제 나타날지 모르기에 기회를 잡기 위해서는 늘 자기계발을 소홀히 할 수 없는 것이다. 그 자기계발의 핵심도 바로 나의 '적성 찾기'다. 이럴 때 오로지 믿을 수 있는 것은 나 자신의 적성뿐이기 때문이다.

세상의 변화를 기웃기웃하며 남들이 만들어 놓은 길에 어떻게든 들어가려 애쓰기보다 내가 스스로 나의 길을 열자는 말이다. **나에게서 답을 찾자는 것이다. 나부터 찾고 세상을 찾자. 적성은 결코 배신을 하지 않는다.**

1장

나는 과거에 없었고 미래에도 없을 유일한 존재다

∞

　현재 이 지구에는 70억 정도의 인간이 살고 있다. 일란성 쌍둥이도 그 어느 구석인가엔 다른 부분이 있다고 하니 지구에는 70억 종류의 인간이 살고 있다는 말이 된다. 얼굴이 다르고, 체형이 다르고, 생김새도 다르다. 목소리는 물론이고, 손놀림이 같을 리 없다. 혈액형과 체질도 제각각이다. 마음 씀씀이도 당연히 다르다. 성격이나 정서, 감정이 모두 다르다. 팔자도 다르다고 한다. 그래서 사주를 보고 관상을 보고 손금을 보고 난리법석이다. 생물학적으로는 부모의 정자와 난자의 결합에 따라 유전자의 결합에 차이가 있기 때문이라고 설명할 것이다. 종교적으로는 신의 질서나 업보의 이치에 따른 차이라고 설명할 것이다. 앞으로도 똑같은 사람은 절대로 나타나지 않을 것이다. 나와 똑같은 사람은 과거에 없었고 현재는 물론이고 미래에도 없을 것이다. 나는 이 세상에서 유일무이한 인간이다. 이렇게 각자 다른 점들을 꼽자면 수도 없이 많다. 그중에서도 특별히 주목할 것이 있다. '타고난 적성'이다. **타고난 적성이 모두 다르다는 것은, 모두 다른 삶을 살아야 한다는 것을 의미한다.**

우리 부모들은 이 같은 명명백백한 사실에 대해 그다지 주목하지 않는다. "다 똑같이 살아."라고 하거나 "사는 게 다 그렇지, 뭐. 불평하지 마." 혹은 "다 그냥 그렇게 현실에 맞춰가면서 살아." 한다. 아이들의 생각과 재능, 관심을 특별하지 않은 것으로 여긴다. 그리고 교육도 아이들이 자신의 적성을 마음껏 발휘하도록 하지 않는다. 세상이 만든 획일적 잣대에 따라 줄을 세워 차별하고 압박한다. 저마다 타고난 적성을 발견하고 계발할 기회를 줄 생각은 하지도 않고 좋은 학교 졸업하고 대기업에 취업해서 돈 많이 버는 것이 성공한 삶이라는 메시지로 아이들을 길들이고 있다.

자신의 적성을 발견하고 스스로 삶을 꾸려가지 못하고 있는 우리 아이들의 모습은 여러 조사 결과를 통해 볼 수 있었다. 그중에서 중학교 1학년 학생들을 대상으로 희망하는 직종을 조사한 결과를 보니 교사가 단연 1위였다. 아이들이 매일같이 접하는 데다 알고 보니 연금도 나오겠다, 쉽게 잘리지도 않으니 요즘 같은 불확실성의 시대에 좋아 보일 수밖에 없다. 그리고 예나 지금이나 여전히 의사나 법조인을 꿈꾸는 아이들도 많았다. 최근 들어 방송인이나 문화예술인 등 대중적 인기를 끄는 직업을 원하는 아이들도 많이 늘었다. 한류의 주역으로 주목받는 데다 각종 매체에서 접하는 화려한 모습이 많은 영향을 주었을 것이다.

그렇다면 현실은 어떨까? 전체 일자리 중에서 교사나 의사, 법조인의 비중은 채 10%가 되지 않는다. 방송이나 문화예술 쪽 일자리는 더 심하다. 현실과 이상의 갭이 지나치게 크다.

적성에 맞지도 않는데 모두가 원한다고, 또 노력한다고 교사나 의사나 법조인, 방송인이 되는 것은 아니다. 만약 된다 한들 이 사회는 제대로 굴러갈 수 있을까? 우리 아이들을 헛된 경쟁에서 건져내 진짜 하고 싶은 것, 잘하는 것이 무엇인지 찾도록 돕고 사회의 구성원으로 한 몫을 담당하도록 해야 하지 않을까?

공부, 아니다 싶으면 당장 그만둬라

∞

　학교에서 공부하는 시기에 있는 어린이나 청소년들을 학생이라고 한다. 학교에서의 학습이 주된 일과가 되어 있는 아이들을 가리킨다. 부모라면 누구나 아이들이 공부 잘하기를 바랄 것이다. 그리고 공부 잘해서 절대 손해 볼 일은 없다고도 생각한다. 그러면 여기서 1가지 질문을 해 보자. 학생은 공부를 잘해야 하는 걸까? 학생이 공부를 못하면 잘못된 것일까? **세상이 이렇게 급격히 변하는 상황에서 우리 아이들이 무조건 공부를 잘해야 한다고 밀어붙이는 것이 과연 옳은 일일까?** 학생은 공부를 잘해야 한다고 누가 그렇게 정했을까? 그 누구도 그런 명령이나 규칙을 내린 바 없다. 오로지 대한민국의 엄마와 아빠들이 그렇게 말한다. 무조건 공부를 잘해야 한다고 다그친다.

1장

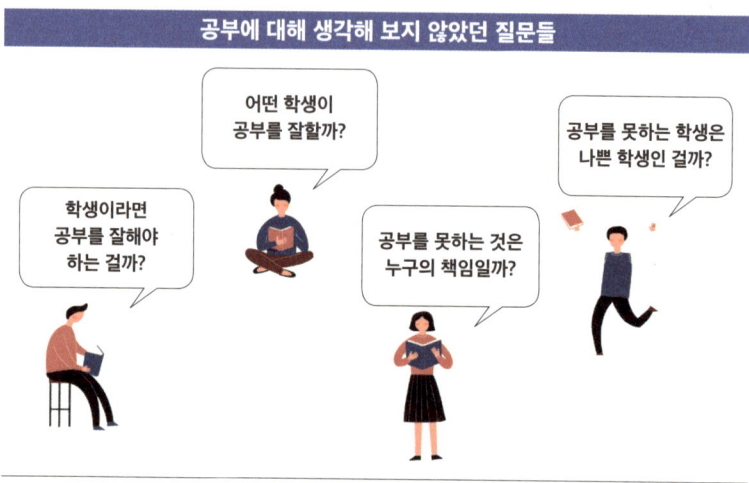

어떤 아이가 공부를 잘할까? 공부를 잘하는 아이는 뭐가 특별할까? 열심히 하는 아이가 잘할까? 그렇다면 머리 나쁜 아이도 열심히 한다고 잘하게 될까? 아니면, 머리가 좋은 아이가 잘할까? 아무리 머리가 좋아도 공부를 싫어하는 아이는 또 무슨 까닭일까?

어려울 것 없다. 답은 분명하다. 공부를 잘하는 '적성'을 타고난 아이는 공부를 잘하기 마련이다. 그리고 공부를 못하는 '적성'을 타고난 아이는 당연히 못할 수밖에 없다. 이것은 누구의 잘잘못도 아니고 정상, 비정상의 문제도 아니다. 적성의 문제다.

모든 부모들은 아이들이 정상적인 사람이 되기를 원한다. 공부 잘하는 적성을 타고난 아이라면 잘하는 것이 정상이다. 그렇다면 공부 잘하는 적성을 타고나지 않은 아이가 공부를 잘하는 것은 어떤가? 당연히 비정상이다. 그럴 리도 없지만 설사 그런 일이 일시적으로 있었다 하더라도 그 비정상은 오래 가지 않는다. 이처럼 공부를 잘하는 적성을 타고나지 않은 아이가 공부를 못하는 것은 지극히 자연스럽고 정상적인 일이다. 그런데도 이 땅의 부모들은 도저히 그 꼴을 보지 못하고 아이가 좋지 않은 성적표를 가져 오면 가만 두지를 않는다. "거봐, 밤 늦게까지 TV만 보고 게임하고 싸돌아다니더니 이 모양 이 꼴 아니냐?"며 야단을 친다. 이런 부모의 반응은 옳은가? 명백히 잘못이다. 공부에 대한 적성을 갖지 않았기에 공부를 잘하지 못했을 뿐이다. 그런 이 아이가 무슨 잘못이란 말인가?

이쯤에서 공부의 적성을 갖지 않게 된 것은 누구 책임인지 따져 보자. 이것은 아이의 책임일까? 아니다, 부모의 책임이다!

우리 아이는 아빠의 정자와 엄마의 난자가 만나 태어났다. 이 아이의 타고난 적성은 유전에 의한 부분이 결정적이다. 그런데 왜 이 아이의 타고난 적성을 무시하고 공부를 잘해야 한다고 강요할까? **부모라면 무엇보다 자녀의 적성을 존중해야 한다. 그리고 적성이 숨겨져 있다면 찾도록 도와야 한다.** 타고난 적성은 남이 강요한다고 바뀌지 않는다.

혹 내 아이가 공부를 잘하는 적성이 없다는 것으로 밝혀진다면 안타까워할 부모가 많을 것 같다. 그렇지만 그 아이는 단지 공부에 대한 적성 그 하나를 가지고 있지 않을 뿐, 다른 수많은 적성을 분명히 타고났다. 그것들은 그 아이만의 고유의 것이다. 아이의 삶에는 그만의 독특한 길이 준비되어 있다. 그렇기에 부모는 아이들 스스로 자신의 적성을 찾도록 도와야 한다는 것이다. 그렇게 되면 학원이다, 과외다 하며 야단법석을 떨 필요가 없어지게 된다.

지금이라도 방향을 바꾸자. 반드시 타고난 다른 적성이 있다. **공부 못하는 아이는 나쁜 아이인가? 아니다. 그 아이들은 아무것도 하기 싫어하거나 아무것도 할 줄 모르는 바보 천치가 아니다.** 공부 외에 그 무엇이 반드시 있다. 단지 공부가 적성에 맞지 않을 뿐이니 '자신만의 그 무엇'을 찾도록 도와야 한다.

어쩌다 행정고시,
얼결에 사법고시

∞

　우리나라의 근현대는 개화부터 일본의 침략, 한국전쟁을 지나 경제성장과 독재, 이를 극복한 민주화 등 급격한 변화와 사건이 끊임없이 일어났다. 이 과정에서 성과와 실적만으로 모든 것을 평가하는 성공주의와 출세주의가 자리를 잡았다. 이런 국가적 현상은 고스란히 교육에도 투영되었다. 부모들은 하나같이 대학 진학을 강조해 10% 정도에 불과하던 대학 진학률은 한때 80%를 뛰어넘었다. 자녀들의 적성과 상관없이 세상의 잣대로 젊은이들을 획일적으로 내몰았던 것이다. 정말 가슴 아픈 일이다.
　대한민국에서 최고라 불리는 대학은 예나 지금이나 서울대. 조금 더 범위를 넓히면 'SKY'라 불리는 3곳의 대학을 꼽는다. 거기에 더해 지방 대학과 구분하는 의미로 '인 서울'이라 말하기도 한다. 가만히 생각해 보자. 이런 대학 간판이 무슨 의미가 있는가? 좋은 대학을 나오면 유명한 회사에 취직될 가능성이 높아지고, 안정적이면서 남들이 알아주는 삶을 살 수 있다고 생각하게 되는 것이 전부다. 그런 생각에 적성의 자리는 없다. 적성은 무시하고 성적만을 따라 대학에 들어갔다가 방황하는 학생들을 너무 많이 보았다.

우리의 비뚤어진 출세주의와 성공주의의 결과를 찾자면 나도 해당한다. 적성은 전혀 생각하지 않았고 적성과 관계없이 세상의 잣대에 휩쓸려 소중한 젊은 시절을 잘못 보냈기 때문이다.

나는 공부를 꾸준하게 그리고 열심히 하는 학생이 아니었다. 간혹 독하게 마음먹고 벼락치기로 달려들면 의외로 좋은 점수를 따내는 스타일이었다. 하지만 그 당시 왜 공부를 해야 하는지, 왜 시험을 보아야 하는지 단 한 번도 생각하지 않았다. 그저 하라고 해서 한 것뿐이다. 거기에 '나'는 없었다. 당시 '일류'라 인정받은 경기중과 경기고를 나와 서울대를 졸업했지만 일평생 동안 그 학력의 덕을 한 번도 경험하지 못했다. 고시 합격과 그 후의 공직생활, 그리고 지금의 사회운동이나 방송활동은 나의 학력이 영향력을 미칠 수 있는 영역이 아니었다. 지금 하고 있는 이 일에서 적성을 발휘할 것을 알았더라면 그렇게 들어가기 어렵다던 학교를 들어가기 위해 애쓸 필요가 있었을까? 하는 의문이 든다.

고시 공부와 법조인의 삶을 시작한 동기와 과정을 보면 더욱 황당하다. 박정희 대통령이 밀어붙인 3선 개헌 반대 시위가 전국 최초로 서울대학교에서 열렸다. 나는 이 시위의 주모자로 찍혀 무기정학을 당했고 체포를 피해 한 암자로 피신했다. 그 작은 암자에는 젊은이 여럿이 고시 공부를 하며 함께 생활하고 있었다. 그들은 나에게 이렇게 말했다. "쓸데없는 짓 하지 말고 고시 공부나 해. 남자가 '사' 자를 달아야 출세하니까. 세상을 바꾸는 일은 그다음에 해도 늦지 않아." 이 말은 당시에 귀가 아프게 듣던 말이다. 그래서 무심코 시작한 것이 고시 공부였다. 그런데 대학을 졸업하면서 덜컥 행정고시에 합격했다. 게다가 사무관으로 일하던 중 사법고시에 수석으로 합격해 검사 생활을 시작하게 되었다.

판사나 검사, 변호사 같은 법조인의 삶이 적성에 맞는 사람들이 분명 있을 것이다. 그런 이들은 당연히 그 길을 가야 한다. 그렇지만 나는 아니었다. 그 길이 적성에 맞지 않다는 사실을 발견하는 데 그리 오랜 시간이 걸리지 않았다. 검사로 부임해 하루 종일 만나는 사람은 주로 범죄자들이었다. 세상에 범죄의 종류가 이렇게 다양했나 싶었다. 그들을 붙들고 하루 종일 하는 일이라고는 "했어? 안 했어?" 하고 자백할 때까지 캐묻고 또 캐묻는 것이었다. 의미를 찾지 못하던 중 검찰청에 붙들려 온 소위 비행 청소년들을 만나면서 그제야 길을 찾았다. 그들을 이해하기 위해 나름의 방법으로 정신분석, 상담, 심리학 등의 공부를 시작하자 가슴이 뛰기 시작했다. 이후로는 검찰 안에서도 청소년 관련 일을 할 수 있는 자리만을 골라 다녔다. 비로소 행복이 무엇인지를 느꼈다. 그리고는 좀 더 집중하기 위해 검사직도 그만두고 몇 년간 하던 변호사 사무실마저 문을 닫았다.

직업 종말의 시대,
이제는 무얼 하면서 살지?

전형적인 '사'자 직업 실패자의 한 사람으로서 나는 '사'자 지망생들에게 묻곤 한다. 그 '사'자가 정말 자신의 적성에 맞는지 진지하게 생각해 본 적이 있느냐고 말이다. 그리고 적성에 맞으면 계속 하고, 적성에 맞지 않는다면 당장 때려치우라고 말하곤 한다. 세상의 비뚤어진 출세주의에 휘둘려 '나'를 잃을 수는 없기 때문이다. 뒤늦게 후회하지 말고 일찍부터 자신의 적성을 찾는 것이 참된 행복과 성공의 지름길이라고 말해 주고 싶다.

사실 '사'자에는 여러 '사'가 있다. 모두 똑같은 '사'가 아니란 말이다. 한번 보자. 변호사, 공인회계사는 '선비 사士'를, 판사나 검사 등은 '일 사事'를 쓴다. 의사·약사·간호사·교사·목사는 '스승 사師'로 표기하고 대사·공사·특사·밀사 등은 '하여금 사使'를 쓴다. 무슨 차

1장

이가 있어서 이렇게 각기 다른 글자를 쓰는지 알 수 없으나 모두 싸잡아 '사'자라고 하면 다 통한다.

과거부터 특히 남성들에게는 '사'자를 붙여야 출세한다는 풍조가 만연했다. 이것은 보나 마나 과거 왕조시대의 유산이다. 거기에 엄혹한 일제 강점기와 산업화를 거치면서 '개천에서 용 난다'는 출세주의에 수직적 성공관이 보태졌을 것이다. 한때의 시대 풍조는 그랬을 수 있다. 그러나 그것은 세상의 진실이 아니다.

누구는 '사士'에, 또 다른 누구는 '농農'에 적성이 맞다. 또 어떤 사람은 '공工'에, 어떤 사람은 '상商'에 적성이 맞다. 이렇게 사람의 적성은 모두 다르다. 아무리 한 집안의 한 가족이라 해도 모두 다르기 마련이다. 그런데도 태어날 때부터 신분이라는 명목으로 획일적으로 정해진 직업을 강요했다. 그렇기에 일탈이 일어나고 사고가 벌어졌다. 과거 역사 속에서 세습제 왕가가 대대손손 온전히 유지되기 어려웠던 데는 이런 이유도 있었을 것이다.

근대 이후에도 마찬가지다. 수직적 직업 차별은 공동체의 갈등과 대립을 초래하고 안전과 평화를 파괴했다. 획일적 출세주의로 인간의 개성은 말살되고 행복지수는 밑바닥에서 올라올 줄 모른다. 무조건 '사'자가 아니라 저마다 타고난 적성을 찾도록 도와야 한다. 과거와 같은 '사'자가 아니라 이제는 자신의 전문성을 드러내는 각종 기능사나 기술사, 산업기사 등 새로운 '사'자에 대해 힘찬 박수를 보내야 한다. 더군다나 이제는 4차 산업혁명 시대가 아닌가. 이런 시대에 와서도 언제까지 사농공상적 출세관에 빠져 있을 것인가?

그렇다면 우리 아이들이 어떤 직업을 갖도록 이끌어 주어야 할까? **답은 간단하다. 세상의 비뚤어진 출세주의에 휩쓸리지 않고 타고난 적성을 발견해 그에 맞는 직업을 찾도록 도와야 한다.** 인류 역사상 직업의 세계는 계속해서 엄청나게 변해 왔고 앞으로도 변할 것이다. 심지어 최근에는 기존 질서의 변화를 넘어 다양화되는 모습이 극에 달할 것이라는 의미로 '직업의 종말'이라는 표현으로 미래를 설명하기도 한다.

좋다고 소문난 분야에 무작정 따라가는 것은 위험한 일이다. 한쪽으로 쏠림이 나타났다면 때는 이미 늦은 것이다. 의사·변호사·공무원·대기업 직원 등 괜찮다는 직업은 이미 쏠림 현상을 보이고 있거나 이미 그런 현상이 휩쓸고 지나간 직업들이다. 심지어 의사나 변호사는 공급 과잉 현상을 보이면서 수입을 걱정하는 등 이전에는 상상할 수 없던 현상도 나타나고 있다. 게다가 노동 강도도 높아지면서 '3D 업종'이라고 말하는 사람도 있다. 그마저도 인공지능과 빅데이터 기술이 발달하면서 상당부분 대체될 것이라는 전망마저 나온다.

1장

요즘은 셰프, 즉 요리사가 방송에 많이 등장하자 젊은 남성들 사이에서도 관심을 많이 보이는 것 같다. 셰프는 물론 훌륭한 직업이지만, 자신의 적성을 무시하고 유명세에 현혹되어서는 안 된다. 이 세상은 유명한 이들 외에도 이름 없는 수많은 인재들이 곳곳에서 세상을 이끌어 가고 있다는 사실을 명심해야 한다.

겉으로 멋있어 보이는 분야, 그럴싸해 보이는 분야도 경계해야 한다. 아이들이 겉으로 보이는 모습, 남에게 전시되는 모습보다 자신을 지키고 적성을 찾도록 도와야 한다. **적성을 발견하는 것이 곧 행복할 수 있는 길이고, 그 길이 사회에 기여하는 길이기 때문이다.** 내 적성을 사랑하지 않고 사회적 결과물에 집착해서는 결코 행복할 수 없다.

영국의 〈가디언〉지는 로봇에 의해 사라질 직업으로 군인·공장 노동자·우주인·가사도우미·운전사·경찰·서비스업 종사자 등을 예측했다. 20세기를 대표하는 경제학자 케인스는 노동시간이 감소할 미래에는 여가시간 활용을 고민하게 될 것이라 예측했다. **빠르게 변하는 세상에 맞춰 직업의 세계는 예측할 수 없이 더욱 급격하게 변할 것이다. 그렇다면 우리는 끊임없이 진로의 궤도를 수정해야 한다.** 이런 시대에 믿을 수 있는 것은 무엇인가? **변하는 세상에서 믿을 것**

은 오로지 나 자신의 적성뿐이다. 변화를 나만의 적성으로 마주해야 한다. 적성만이 내가 믿을 수 있는 가장 소중한 자산이다.

"공무원은 영원하지 않을까요?"

─── Q&A ───

Q.
세상이 아무리 변해도 공무원 같은 직업은 영원하지 않을까요?
새로운 길을 찾는 것보다 그래도 이런 길이 안전할 것 같아요.

A.
공무원에 적성이 맞는다면 당연히 공무원을 해야 합니다. 문제는 공무원 시험을 준비하는 사람 중에 많은 경우 적성이 전혀 맞지 않다는 점입니다. 단 한 번도 공무원이 나의 적성에 맞는지, 안 맞는지를 생각하지 않고 안정적이라는 이유만으로 공시족이 되는 것입니다.

공무원은 엄격한 조직사회의 일원입니다. 그렇기에 확실한 위계질서와 조직 운영에 적성이 맞는 사람이 공무원이 되어야 하겠죠. 프리랜서에 적성이 맞거나 예술적 적성이 강한 사람은 적합하지 않은 직업입니다.

또한 공무원도 그 업무가 다양합니다. 우리가 잘 아는 경찰이나 소방부터 농수산, 건축, 경리, 복지뿐 아니라 일반 행정에 이르기까지 모두가 똑같지 않습니다. 그만큼 각 분야에 적성이 맞는 사람도 따로 있습니다. 무조건 공무원이라는 카테고리에서 획일적으로 생각할 것이 아니라 좀 더 구체적으로 자신의 적성과 부합하는지 살펴야 합니다.

결론적으로, 나 자신을 생각해 보고 공무원이 적성에 맞지 않는다면 과감하게 미련을 버려야 합니다. 억지로 시험을 보아 합격을 할 수는 있지만 막상 공무원 생활을 해 보면 오래 버티지 못하는 경우가 많습니다. 설사 버틴다 해도 결코 행복하지 못한 날들이 이어질 겁니다.

Q.

'4차 산업혁명 시대'가 왔다고 하니 너무 불안합니다.
과연 인류가 지향하는 방향이 옳은지 가늠하기 어렵습니다.

A.

과거 중세에는 왕조의 정치권력과 특정 종교권력이 세상을 지배했습니다. 그 후 근세에 들어 정치적으로는 시민혁명이 일어났고 종교적으로는 종교개혁이 일어났습니다. 또한 산업혁명을 지나면서 자본과 기업 등 경제권력이 지배하기 시작했습니다. 종류가 바뀌었을 뿐 권력의 수직적, 억압적, 지배적 행태는 끊임없이 지속되어 왔습니다. 한마디로 '수직사회'라고 할 수 있습니다.

이것이 가능했던 이유는 최근까지만 하더라도 정치, 종교, 자본 등이 과학 기술을 어느 정도 지배할 수 있었기 때문입니다. 원래 과학은 순수해서 거짓말을 하지 못합니다. 하지만 정치나 종교, 자본 등은 자꾸 거짓말을 하라고 했습니다. 조작의 결과를 내 놓으라고 강요했습니다. 이런 강요가 3차 산업혁명까지는 어느 정도 통했습니다. 그러나 4차 산업혁명 이후는 달라집니다. 과거와 같은 권력의 통제와 조작이 불가능해질 것입니다. 과학의 진실이 그대로 공개되는 열린 세상이 되기 때문입니다. 이런 시대에는 더는 정치나 종교, 자본 등의 권력이 독점적, 지배적 횡포를 할 수 없게 됩니다. 4차 산업혁명이 진행될수록 예전 권력들의 힘은 줄어들고 결국 '옛 권력의 종말'이 다가올 것입니다.

이렇게 된다면 과거처럼 돈이나 사회적 지위, 명예나 인기로 세상을 지배하지 못합니다. 인간 사회의 삶의 목표가 달라지는 것입니다. 사람의 몸과 마음의 성숙한 행복이 최고의 가치로 자리매김할 것입니다. 사회적인 지배와 복종의 관계가 아닌, 누가 자신의 인간다운 삶을 지혜롭게 개척하고 건강을 누리며 행복을 만끽하고 나를 넘어 세상을 위해 함께 고민하고 봉사하고 헌신하는지에 주목하게 됩니다.

단순노동이 필요한 일 따위는 로봇에게 맡기고 대신 그로 인해 획득된 소중한 시간들을 자신의 자아실현을 통한 행복을 위해, 그리고 자신이 속한 공동체와 더 나아가 전체 인류 공동체를 위해 가치 있는 일들에 헌신하게 될 것입니다. 4차 산업혁명으로 불안해 할 것이 아니라 어찌하면 우리의 삶이 더 바람직한 방향으로 진화할 수 있을지를 함께 모색해야 할 것입니다.

2

꿈이
정말 없을까?

요즘 아이들은 참 '바쁘다'. 학교 공부도 모자라 학원을 몇 군데씩 돌고 집에서도 산더미처럼 쌓인 숙제와 씨름하기 일쑤다. 부모들이 결정해준 것을 옳다고 믿으며, 혹은 아무 생각 없이 따르고 있을 뿐이다. 그런 속에서 삶에 대해 깊이 생각하고 꿈을 꿀 시간이 없었을 것이다. '꿈다운 꿈'을 갖도록 어떻게 도울 수 있을까?

뇌 발달로 보는
적성 찾기의 골든타임

우리 아이의 적성 찾기는 뇌의 구조와 발달 시기에 따라 때에 맞게 적절한 수준으로 이루어져야 한다. 영아기, 유아기, 아동기, 청소년기를 거치는 과정에서 뇌는 전체 부위가 동시에 발달하는 것이 아니기 때문이다.

아이가 태어나면 신체적으로 하루가 다르게 성장하는 것을 볼 수 있다. 그 중에서도 머리 부분은 두드러지게 커진다. 지금까지 수많은 뇌과학자들과 신경생리학자들, 신경과학자들이 끊임없이 연구를 했지만 아직까지도 뇌에 대해 알지 못하는 것들이 너무 많다. 뇌는 그만큼 신비하고 수수께끼 같은 미지의 존재다. 다만, 지금까지 밝혀진 것들을 바탕으로 적성 찾기의 중요한 열쇠를 발견할 수 있다.

인간의 뇌는 모두 다르다. 뇌는 신체의 크기에 비례하지 않고 뇌의 각 부위의 크기 또한 모두 다르다. 크기뿐만 아니라 뇌에서 각 부위가 차지하는 비중이나 좌우 반구와 연결 고랑 등 모든 것이 같지 않다. 뇌세포는 뉴런이라는 신경세포와 보조세포인 아교세포로 나뉜다. 신경세포는 약 1,000억 개, 아교세포는 그 10배에 달한다고 한다. 또한 하나의 신경세포는 주변의 최대 1만 개에 이르는 다른 뉴런들과 연결된다고 한다. 그러나 이 뉴런의 수, 뉴런을 보조하는 아교세포의 수도 사람마다 다르고, 수상줄기와 축삭줄기, 시냅스 등 연결망의 형성 양상도 모두 다르다. 소위 '커넥팅'도 모두 다르다.

이렇게 모두가 다른 이유는 유전적인 영향이 가장 크다. 수정 단계에서 아버지와 어머니의 DNA를 물려받고 그 설계를 따라 신체가 형성되었기 때문이다. 생물학적 독특성은 이미 태생적으로 주어진 것이라 볼 수 있다. 그래서 음악가의 뇌와 과학자의 뇌, 기업가의 뇌와 정치가의 뇌가 모두 다르다. 인종에 따라서도, 남녀에 따라서도 다르고 그 안에서도 사람마다 모두 다르다.

수정된 이후에는 어머니의 자궁 속에서 성장하는 태아 시기에 부모를 통해 여러 영향을 받게 된다. 예컨대 부부가 다투게 되면 그 충격은 아이에게도 전달된다. 태교가 중요한 이유다. 세상에 태어난 후에는 또 다른 요인이 추가된다. 인간 세계에서 맞이하는 새로운 자극이 작용하는 것이다. 이 시기 이후의 양육 과정에서 보고 듣고 말하고 느끼고 알게 된 것들은 매 순간 아이의 뇌에 영향을 준다. 그러나 그 영향이 유전의 범위 내에서 이루어지는지, 유전의 범위를 뛰어넘는지는 아직까지 불분명하다. 1가지 확실한 것은, 인간에게는 유전적으로 타고난 적성이 있고, 그 적성에 맞는 일을 하면 뇌에도 영향을 주어 행복감을 느낀다는 사실이다.

우리의 옛 격언에 '구슬이 서 말이어도 꿰어야 보배다'는 것이 있듯 타고난 좋은 적성이 있어도 계발을 하지 않는다면 그 기능은 약해질 수밖에 없다. 반면, 타고난 적성에 맞지 않는 일을 억지로 하는 것은 뇌에도 영향을 주어 부작용으로 나타나는 불행을 경험하게 된다.

이런 것을 바탕으로 해 우리 아이의 성장 과정에 따른 적성 찾기에 대해 구체적으로 살펴보자.

0세에서 3세 : 모든 부위가 고루 발달하는 시기

신생아는 대략 350g에서 400g 정도의 뇌를 가지고 태어난다. 성장하면서 뇌 또한 급격히 커져 6개월 후에는 처음의 2배 정도가 되고 1년이 지나면 약 3배가 된다. 0세에서 3세까지의 뇌는 전체 부위가 함께 커지는 시기다. 이때는 좌뇌와 우뇌가 함께 발달한다.

2장

　인간의 뇌는 그 형태와 기능에 따라 크게 대뇌, 소뇌, 뇌간(중뇌, 교, 연수)로 구분한다. 태어날 때는 뇌간 중에서도 특히 중뇌가 다른 부분보다 발달된 상태라고 한다. 뇌간은 뇌와 척수를 연결하는 모든 신경이 통과하고 생존에 필수적인 의식이나 호흡, 균형과 발성 등 원시적 기능의 대부분에 있어 핵심적 역할을 하기 때문이다. 이후 1세까지는 소뇌가 급격히 성장한다. 대뇌피질 중 생후 2년 동안은 감각과 시각, 청각 순으로 발달한다고 한다. 대뇌피질의 시냅스 밀도도 이 시기에 최고치를 보이게 된다. 이렇게 각 부위마다 차이는 있지만 뇌는 전반적으로 성장하는 시기를 맞이한다.

　좌뇌는 오감을 활용한 학습을 통해 발달하고 우뇌는 부모에 대한 애착 같은 경험을 통해 발달한다고 한다. 예전부터 어른들이 흔히 했던 말 중에 이 시기에는 어느 한쪽으로 편중되지 않은 균형 있는 학습을 해야 한다거나, 부지런히 손놀림을 하게 해야 한다거나, 가능하면 많이 기어 다니게 해야 한다고 조언했던 것은 이런 이유에서다. 손과 발을 포함해 눈과 입, 혀 그리고 피부 등의 활동을 균형 있게 움직여 뇌를 자극하기 위함이다.

　우뇌는 이 시기에 80%가 형성된다고 한다. 3세 이전에 부모의 사랑을 받지 못하면 감정의 뇌가 위축되어 충족을 느끼지 못하므로 이 시기 아이 정서와 감정이 평생 영향을 미친다고 볼 수 있다. 부모의

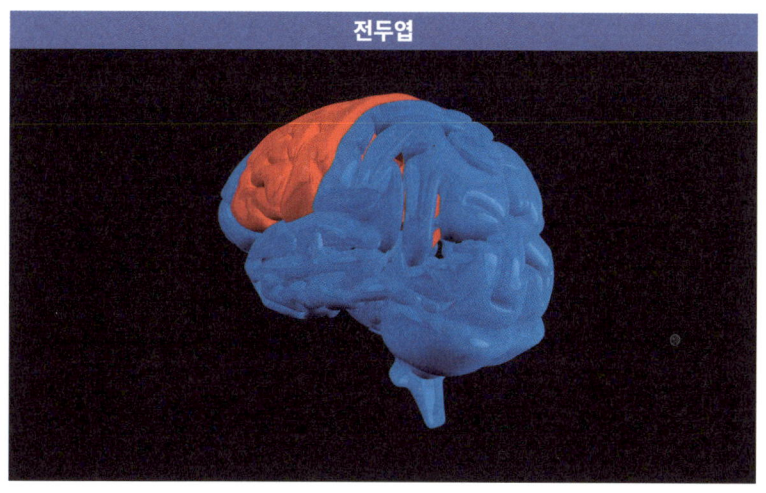

전두엽

애착, 관심, 사랑은 아이에게 안정감과 신뢰감을 갖게 하고 인간관계의 기본적 감성을 형성하게 한다. 이 시기 형성된 안정감과 신뢰감은 자존감과 연결된다. 자존감이 높은 사람은 자신의 결정과 행동에 대해 책임감을 가지고 힘 있게 밀고 나갈 수 있다. "세 살 버릇, 여든까지 간다." 혹은 "될 성 부른 나무는 떡잎부터 알아본다." 같은 속담들도 모두 이 시기의 뇌 발달과 일치하는 말이다. 0세부터 3세까지는 특별한 경우가 아니면 대부분 적성의 측면에서 두드러진 특성이 나타난다고 보기 어렵다. 그렇지만 잘 자리 잡은 자존감은 훗날 자신의 적성을 찾고 세상이 뭐라 해도 뚝심 있게 나의 길을 걸어갈 수 있게 하는 원동력이 된다.

2장

3세에서 15세 : 대뇌피질의 발달 순서

대뇌피질은 약 4,000cm² 정도의 넓이에 2~4mm 정도의 두께를 가지고 있다. 좁은 공간에 넣기 위해 구겨 놓은 형태를 띠고 있다. 해부학적 위치에 따라 전두엽, 측두엽, 두정엽, 후두엽으로 구분한다.

뇌과학자들의 설명에 따르면 3~6세까지는 전두엽이 집중적으로 발달한다고 한다. 이 시기에는 종합적이고 창의적인 사고와 인간성, 도덕성, 사회성이나 종교, 도덕에 대한 사고가 발달하게 된다. 또한 전두엽이 담당하는 기능인 목표를 세우고 실행하는 것이나 동기 부여, 충동 억제 등의 역할도 발달한다.

이때는 매사를 종합적으로 사고하는 능력이나 창의적인 사고, 자기조절능력 혹은 타인과 소통하고 공감하는 모습이 보이는지, 그리고 그런 능력이 잘 성장하고 있는지 살펴볼 필요가 있다.

6세에서 12세까지는 측두엽과 두정엽이 발달한다고 한다. 측두엽은 언어와 청각 등의 기능을 담당한다고 알려져 있다. 이때는 언어와 관련해서 말하기와 듣기, 읽기 그리고 암기 능력이 잘 발달하고 있는지 잘 관찰할 필요가 있다. 그 외에도 측두엽은 시각 정보에 기초해 인식을 하거나 후각 정보를 처리하고 단기기억에 관여하는 역

측두엽과 두정엽

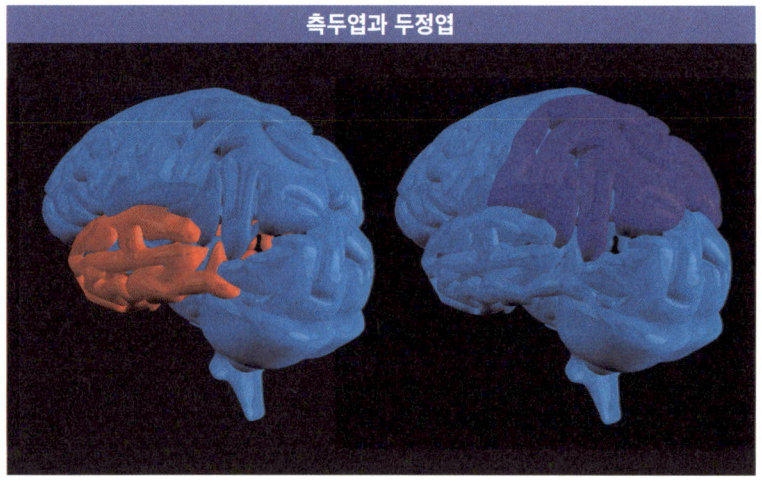

할도 한다.

두정엽은 입체 및 공간 등에 대한 사고와 수학과 물리학적 사고를 담당한다고 알려져 있다. 이 시기에는 복잡한 수학적 과제를 풀어내는 능력이 발달하고 있는지, 물리나 화학 등 과학적 사고와 실험, 퍼즐 같은 놀이를 통한 입체, 공간적 탐구를 하고 있는지 등을 살펴볼 필요가 있다. 그 외에도 두정엽은 촉각과 공간 감각 등을 지각하고 시각에서 대상의 움직임에 반응한다. 손 운동과 혀, 후두, 입술 등 발성과 관련한 운동중추도 넓다. 문자와 단어를 조합하고 문장으로 엮어내어 생각이나 의미를 만들어내는 역할도 한다.

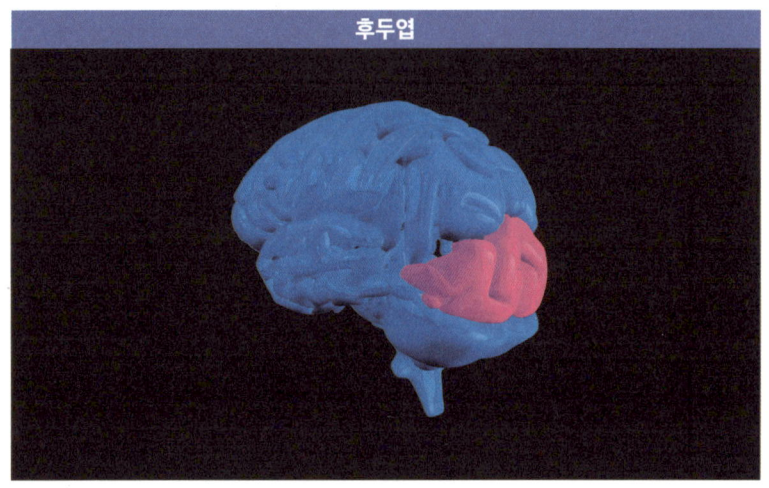

후두엽

　　12세에서 15세까지는 후두엽이 발달한다고 한다. 후두엽은 색깔, 크기나 모양, 동작, 밝고 어두움과 투명도 등을 보고 느끼고 해석해 사물을 인식하고 확인하는 시각 기능을 담당한다고 알려져 있다. 이때는 시각을 활용한 능력이 나타나고 있는지, 어떤 활동을 자주 하는지 지켜볼 필요가 있다.

뇌의 강점을 찾아야 한다

　　여기서 1가지 짚고 넘어갈 부분이 있다. 대뇌피질의 전두엽, 측두엽, 두정엽 그리고 후두엽이 순차적으로 발달한다고 해서 아이의 뇌 발달이 해당 부위에 국한되는 것은 아니라는 점이다. 각 시기에 따라 집중적으로 발달한다는 것이지, 다른 부위가 발달이 멈추는 것이 아니기 때문이다.

과거에는 대뇌피질의 각 부위와 인간의 정신 기능이 마치 1:1 대응관계에 있다는 주장도 있었다. 계속된 연구를 통해 뇌의 각 부위는 서로 밀접하게 연결되어 하나의 기능단위로서의 신경망을 형성하고 있다는 주장이 설득력을 얻고 있다. 시각을 예로 들면, 후두엽의 일차시각영역만이 아니라 측두엽과 두정엽 뒤쪽의 고위시각영역도 관여하는 것이 될 수 있겠다.

태어날 때부터 앞을 보지 못했던 사람의 경우에는 시각을 대신할 다른 정보가 절실하게 필요하다. 그렇기에 시각을 담당했을 부위에서 점자를 인식하는 역할을 담당한다고 한다. 반대로 소리를 듣지 못하는 사람은 청각을 대신할 시각 정보의 처리를 청각을 담당했을 부위에서 처리한다고 한다. 이런 사례를 바탕으로 대뇌피질의 모든 부위는 하나의 강력한 알고리즘이 있는 것이 아니냐는 주장도 나온다.

앞으로 뇌과학이 더욱 발달하면 뇌 영상 하나만으로 각자의 적성을 발견할 수 있을지도 모른다. 지금까지 알려진 뇌과학 지식을 활용

2장

하되, 적성 찾기는 스스로의 체험과 부모의 도움, 관찰을 통해 이루어진다는 점을 기억해야 한다. 적성 찾기는 뇌의 강점을 찾아내는 작업이다. 아이들의 일거수일투족을 먼발치에서 관찰하면서 타고난 여러 적성을 찾을 수 있도록 돕는 것이 우리 부모의 역할이다.

질풍노도의 사춘기 : 자아정체성을 탐색하는 시기

아이의 성장과 교육과정을 보면 적성과 진로와 관련해 중요한 지점인 '자유학년제'를 만나게 된다. 이 시기를 통해 아이들은 자신의 적성과 진로를 정리하는 계기가 될 수 있다. 이때야말로 뇌가 발달하면서 드러난 적성을 인식하고 계발하려는 마음을 가지도록 돕는 것이 중요하다. 이렇게 자신을 발견한 아이들은 이어질 고등학교 진학과 걸어갈 길에 대해 자신감을 가질 수 있을 것이다.

개인차가 있지만 '질풍노도의 시기'라고 표현하는 '사춘기'는 중학생 무렵에 만나게 된다. 사실 이 시기의 아이를 둔 부모들과 이야기를 나눠 보면 아이들과 적성이나 진로 같은 진지한 대화를 나누기 쉽지 않다는 고민이 많다. '질풍노도'로 표현하는 것처럼 부모와의 관계가 예전 같지 않을 수 있다. 하지만 그 혼란 속에서도 아이들은 나름대로 자아를 탐구하며 정체성을 세워가는 때라는 사실을 주목해야 한다. 이 시기 아이들은 '나는 누구인가?'라는 자아정체성을 가장 심각하게 고민한다. 뇌에서도 자신에게 불필요하다고 여겨지는 시냅스는 사라지도록 하고, 자신에게 특별하고 의미 있는 신경회로는 남기게 된다. 이런 의미에서 자유학년제는 의미가 있다.

15세에서 20세 : 뇌의 모든 부위가 다시 발달하는 시기

보통 고등학교에 다니게 되는 이 시기를 뇌 발달 단계로 보면 그때까지 시기에 따라 발달한 각 부분이 전체적으로 다시 확대되는 때라고 한다. 이 시기는 아이들이 그때까지 드러난 적성을 다각도로 융합하며 실전처럼 발휘할 수 있어야 한다. 이런 과정은 뇌에서 많이 유익하게 활용하는 신경회로는 남기고 나머지는 정리해가는 형태로 나타난다. 자아정체성이 부여되는 것이다. 그래서 고등학교를 졸업하면 직장으로 '선 취업'을 할 것인지, 아니면 대학으로 '선 진학'이 필요할 것인지 등의 중요한 결정을 하게 된다.

한창 인생의 꽃을 피울 20대에 들어서면 인간의 뇌는 벌써부터

2장

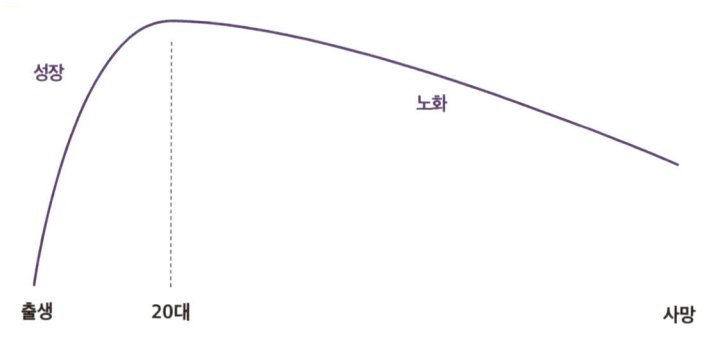

20대부터 노화가 시작되는 우리의 뇌

노화가 시작된다고 한다. 그렇다면 **초등학교부터 고등학교에 다니면서 본격적으로 적성을 발견하고 진로를 탐구하는 이 시기가 인생에 있어 뇌의 역량이 가장 왕성하게 성장하는 때라는 말이다.** 물론 적성 찾기는 평생 계속되어야 한다. 그렇더라도 이때의 선택은 인생의 거대한 한 걸음이 되기에 선택하는 아이도, 곁에서 도와주는 부모에게도 중요한 순간임은 틀림없다.

우리 뇌는 하고 싶은 일, 잘할 수 있는 일을 할 때 행복감을 느낀다. 부모가 물려줄 것은 돈도, 지위도, 명예도 아니다. 우리 아이가 무엇을 하고 싶은지, 무엇을 잘하는지 발견하도록 돕는 것이 평생을 살아낼 우리 아이들에게 물려줄 가장 소중한 유산이다.

"꿈 같은 거 없는데요."

∞

 강의와 캠프를 통해 만나게 되는 청소년들에게 "너는 꿈이 뭐니?" 하고 묻곤 한다. 그러면 "모르겠는데요." 하거나 "꿈 같은 거 없는데요."라고 답하는 아이들이 의외로 많다. "자신의 꿈을 적어 보자."고 했을 때 아무것도 쓰지 못하는 아이들도 있었다. 왜일까? 그동안 꿈에 대해 진지하게 생각해보지 않아서 그렇다. 아예 꿈이란 것을 생각할 여유가 없었다고 느끼는 경우도 있다. 어떤 사연이 있는지 정확히 알 수 없으나 일상에 지쳐 꿈 같은 것은 생각해 볼 여유조차 없었던 것이다.
 곰곰이 생각해 보면 꿈이란 것이 전혀 없을 수는 없다. 지금의 현실이 고통스럽다면 '고통에서 벗어나고 싶다'는 것도 꿈이다. 꿈이라고 콕 집어 생각하지 않았어도 희망사항들이 전혀 없다는 것은 있을

2장

수 없기 때문이다.

어린이들에게 "너는 꿈이 뭐니?" 하고 물으면 대체로 직업의 종류를 들어 답하는 경우가 많다. 연예인, 선생님, 소방관, 간호사, 화가 이런 식이다. 대통령이나 부자라는 답변도 있었다. 대부분 자신이 알고 있는 직업 중에서 어느 하나가 꿈이 되는 것이다.

그렇다면 꿈이란 어떤 것이어야 할까? 그리고, 꿈이란 것을 꼭 가져야 하는 것일까?

어른들은 아이들에게 시도 때도 없이 "꿈이 뭐니?" 하고 묻는다. 그러면서도 꿈은 어떤 것이어야 하고, 꿈에 대해 어떤 생각을 해야 하는지 깊이 있게 알려준 적은 거의 없었을 것이다.

사람들은 많은 경우 '실현되기를 기대하는 희망이나 이상'을 꿈이라고 생각한다. 그리고 그것을 위해 노력하거나 아니면 마음속에 막연히 간직한 채 지낸다. 그 다양한 꿈들의 성격과 의미, 가치를 짚어 볼 필요가 있다. 그 분석에 따라 대처하는 자세가 달라지기 때문이다.

꿈이라고 표현하지만 그저 막연히 생각하는 정도의 희망이라면 크게 주목할 필요는 없다. 그 희망을 위해 구체적으로 구상을 하거나 행동을 할 필요는 없기 때문이다. 어른들이 아이들에게 "꿈을 가져야 해." 하고 말할 때는 이런 막연한 수준의 꿈을 말하는 것은 아니었을 것이다. 삶과 관련해 구체적으로 구상하고 행동하는 꿈이 되려면 좀 더 세밀한 구체성을 가져야 한다. 제대로 된, '꿈다운 꿈'이 되려면 어떤 조건들이 필요한지 생각해 보자.

2장

적성 찾기의 시작, 꿈에 대해 나누기

요즘 아이들을 보면 참 '바쁘다'고 생각될 때가 많았다. 학교 공부도 모자라 학원을 몇 군데씩 돌고 집에서도 산더미처럼 쌓인 숙제와 씨름하기 일쑤다. 이 수많은 짐을 아이들이 스스로 결정했을까? 아니다. 우리 부모들이 결정해준 것을 옳다고 믿으며, 혹은 아무 생각 없이 따르고 있을 뿐이다. 그런 속에서 자신의 삶에 대해 깊이 생각하고 꿈을 꿀 시간이 없었을 것이다.

"꿈이 없다."고 말하는 우리 아이들의 속마음은 과연 어떨까? 어떻게 하면 아이들의 마음을 들여다볼 수 있을까? 그리고 아이들이 '꿈다운 꿈'을 갖도록 어떻게 도울 수 있을까?

아이들과 꿈에 대해 이야기를 나누는 것은 무척 중요한 일이다. 적성을 찾고 행복한 삶을 위한 시작이 되기 때문이다.

아이와 함께 꿈에 대해 이야기할 때는 먼저 '나는 어떤 꿈을 가지고 있을까?'에 대해 잠시 생각할 시간을 주고 2~3가지 정도 꿈을 적어보게 한다. 그리고 다음과 같은 항목을 제시한다.

- 그 꿈을 갖게 된 계기나 이유는?
- 그 꿈은 실현 가능할까요? 아니면, 막연히 생각해보는 수준일까요?
- 그 꿈을 실현하기 위해 어떤 준비를 하고 있나요? 준비하고 있다면 구체적으로 어떤 준비를 어떻게 하고 있나요?
- 그 꿈은 언제쯤 이루어질 수 있을까요?
- 그 꿈은 어느 분야에 해당할까요? (예 : 직업, 취미, 봉사, 기타)
- 그 꿈의 주체는 누구일까요? (예 : 나, 가족, 친척, 공동체 등)
- 그 꿈이 이루어지면 무엇을 얻을 수 있을까요? (예 : 돈, 권력, 지위, 명성, 인기 등)

이 질문들에 답하기 전에는 꿈에 대한 설명이나 구체적인 가이드를 제시하지 않는다. 아무런 선입견을 가지지 않고 지금 생각을 있는 그대로 알아보기 위해서다. 이런 질문을 통해 아이들은 스스로를 돌아보는 기회를 가지게 된다. 캠프에서 만났던 아이들의 경우 평소 꿈에 대해 생각하지 않았기에 당황하기도 했지만 이내 자연스럽게 자

2장

나의 꿈			
구분	1순위	2순위	3순위
나의 꿈은?	대기업 인사부 직원	약사	승무원
그 꿈을 갖게 된 계기나 이유는?	사회성이 좋고 사람 관찰을 잘 해서	생물 과목이 좋아서	멋지다고 생각했고 혜택이 많아 보여서
그 꿈은 실현 가능할까요? 아니면, 막연히 생각해보는 수준일까요?	노력하면 가능	엄청 노력해도 쉽지 않을 것 같다	잘 모르겠음
그 꿈을 실현하기 위한 준비를 하고 있나요? 준비하고 있다면 구체적으로 어떤 준비를 어떻게 하고 있나요?	준비하고 있음 경영학과를 목표로 공부 중	특별한 준비 없음	특별한 준비 없음
그 꿈은 언제쯤 이루어질 수 있을까요?	대학 졸업 후	대학 졸업 후	대학 졸업 후
그 꿈은 어느 분야에 해당할까요? (예: 직업, 취미, 봉사, 기타)	직업	직업	직업
그 꿈의 주체는 누구인가요? (예: 나, 가족, 친척, 공동체 등)	나	부모님	나
그 꿈이 이루어지면 무엇을 얻을 수 있을까요? (예: 돈, 권력, 지위, 명성, 인기 등)	돈, 성취감, 행복, 사회적 인정	돈, 사회적 명성	인기, 자유

신의 생각을 적곤 했다.

　당시 아이들의 답변을 살펴보면 황당한 사례를 많이 발견할 수 있었다. 아직까지 꿈에 대해 생각해 본 적이 없었다면 자연스러운 일일지도 모른다. 예컨대 꿈을 갖게 된 이유를 '우연히 TV를 보다가' 또는 '막연히 생각해 본 것뿐' 이라든가 '돈이 생길 것 같았기 때문' 이라고 적었던 것이다. 바로 왼쪽 페이지에는 캠프에서 만났던 한 아이가 직접 작성했던 '나의 꿈' 답변지를 실었다. 내용을 가만히 보면 '지금, 여기'의 꿈이 없다는 것을 발견할 수 있다. 하지만 괜찮다. 이어지는 내용을 통해 아이들이 스스로 다시 생각하고 깨달을 수 있는 기회를 주는 것이 목적이기 때문이다.

　이어서는 '나의 어릴 적 꿈'에 대해서 작성하게 한다. 아직까지 꿈에 대해서는 아무런 설명을 하지 않는다.

　질문 내용은 이런 것들이다.

- 그 꿈을 갖게 된 계기나 이유는?
- 그 꿈이 이루어질 수 있다고 생각했나요?
- 그 꿈은 언제쯤 이루어지길 기대했나요?
- 그 꿈을 갖도록 했던 자세한 정보가 있었나요?
- 그 꿈을 이루기 위해 실제로 노력을 했나요?

나의 어릴 때 꿈

해당하는 곳에 표시하기	유, 초, 중, 고, 대 (유, 초 표시)	유, 초, 중, 고, 대 (초 표시)	유, 초, 중, 고, 대 (중 표시)
나의 어릴 때 꿈은?	현모양처	피아니스트	선생님
그 꿈을 갖게 된 계기나 이유는?	엄마가 좋아 보여서	피아노가 재밌었고 잘 친다고 생각했음	중2 선생님이 좋아 보여서
그 꿈이 이루어질 수 있다고 생각했나요?	네	네	네
그 꿈은 언제쯤 이루어지길 기대했나요?	28살 때쯤	대학교 다닐 때	대학 졸업 후
그 꿈을 갖도록 했던 자세한 정보가 있었나요?	네	아니오	네
그 꿈을 이루기 위해 실제로 노력을 했나요?	아니오	아니오	아니오
그 꿈을 지금도 가지고 있나요?	네	아니오	아니오
그 꿈을 포기했다면 이유는 무엇인가요?		오빠의 말에 상처를 받아서	나와 맞지 않는 것 같고 임용고시가 무서워서
그 꿈을 포기한 것을 후회하고 있나요?		아니오	아니오

- 그 꿈을 지금도 가지고 있나요?
- 그 꿈을 포기했다면 이유는 무엇인가요?
- 그 꿈을 포기한 것을 후회하고 있나요?

이런 시간을 갖는 것은 과거로 돌아가서 어떤 꿈을 가졌었는지 되짚어 보려는 것이다. 여기서는 하나하나의 의미를 짚는 것은 중요하지 않다. 오히려 중요한 것은 다른 데 있다. **바로 '어릴 때 가졌던 꿈이란 것이 이렇게 허술했었구나!' 하고 깨닫도록 하기 위함이다.** 꿈이라고 적었겠지만, 깊이 생각하고 고민했을까? 꿈이란 것은 어떤 것이어야 한다고 누군가로부터 단 한 마디라도 배워서 갖게 된 꿈이었을까? 아마 그렇지 않을 것이다. 간혹 쓸모 있는, 의미 있는 꿈도 있겠지만 대부분 정보가 턱없이 부족한 상태에서 가졌던 꿈은 막연하거나 허황된 것들일 수밖에 없다. 바로 왼쪽 페이지에는 앞서 소개한 '나의 꿈'을 작성했던 아이의 '나의 어릴 때 꿈' 답변지를 실었다. 이 사례에서도 과거의 꿈이 어땠는지를 볼 수 있다.

이 시간을 통해서는 '꿈이란 것은 도대체 어떤 것이어야 할까?', '쓸모 있는 꿈은 따로 있구나!' 하는 것을 스스로 깨닫게 하는 데 의미가 있다. 이런 깨달음을 느끼기 시작한 아이들에게 비로소 꿈에 대해 설명을 시작한다. 그리고 나서 후에 '나의 꿈'에 대해 다시 작성하게 한다. 이때는 제대로 된 꿈, 의미 있는 꿈, 쓸모 있는 꿈, 꿈다운 꿈을 설정하도록 한다.

막연한 꿈을
쓸모 있는 꿈으로

∞

　꿈다운 꿈, 쓸모 있는 꿈이 되기 위해서는 어떤 조건들을 갖추어야 할까?

　우선 '실현 가능성'이 있는지를 살펴볼 필요가 있다. 그저 막연한 희망인지, 아니면 잘못된 정보에 의한 것은 아닌지를 살펴봐야 한다. 만약 그러하다면 구체적 목표로 삼아 행동으로 옮길 것이 아니기에 크게 의미를 둘 꿈은 아니라고 할 수 있다. 반면에 실현 가능성이 있고 진실로 그것들이 실현되기를 원한다면 의미가 있을 것이다.

　다음으로 살펴볼 것은 준비성이다. 그 꿈은 준비가 가능한지, 그래서 실제로 준비에 나섰거나 나설 수 있는 꿈인지 살펴봐야 한다. 아예 준비가 불가능하다거나 준비와는 관계가 없는 것일 수 있다. 혹은 마음만 먹고 있을 수도 있다. 만일 그렇다면 이것 또한 꿈으로서 가치가 있다고 하기 어렵다. 꿈은 준비성과 필연적으로 연결이 되어야 의미를 가지기 때문이다.

또 다른 것은 주체의 문제다. 정말 나의 꿈인지, 아니면 가족이나 내가 속한 공동체, 예컨대 회사나 단체, 지역이나 국가와 같은 공동체와 관련이 있는가 하는 문제다. '우리나라가 월드컵에서 우승을 했으면 좋겠다' 같은 것이라면 그저 희망사항일 뿐이다. 구체적인 꿈으로서 의미를 가지려면 구체적으로 내가 무엇을 할 수 있는가를 생각해야 한다. 나의 역할이 분명히 있어야 비로소 나의 꿈으로서 가치를 가지게 된다.

사람은 모두 더불어 살아가는 사회적인 동물이다. 나의 꿈이 주변 그리고 나아가 사회와 국가에까지도 영향을 주는 넓은 의미의 홍익적인 꿈이 된다면 그보다 더 큰 꿈은 없을 것이다. 사회, 국가, 인류를 위해 이바지할 수 있는 꿈이 되려면 막연한 수준으로는 안 된다. 좀 더 구체적인 나의 역할이 있어야 한다. 그래야만 공동체와 연결된 나의 꿈이 완성된다.

마지막으로 살펴볼 것은 분야의 문제다. 꿈이 무엇이냐고 물으면 이런 저런 직업으로 답하는 경우가 많다. 그러나 꿈은 직업에서만 이룰 수 있는 것이 아니다. 직업뿐만 아니라 취미나 봉사활동에서도 이룰 수 있다. 직업이라 해도 하나가 아닐 수 있다. 산업 환경이 변하고 직업의 세계 또한 급격히 변하는 만큼 2개 이상의 직업을 가지는 것은 더는 특별하지 않다. 나아가 다양한 취미나 봉사활동에서도 꿈을 세워 자신이 하고 싶은 일을 마음껏 함으로써 행복 지수를 높일 수 있다.

이렇게 머릿속에서 맴돌던 여러 생각들이 구체적인 꿈으로 세워지려면 그 실현성이나 준비성, 그리고 주체나 분야의 측면에서 의미 있고 쓸모 있는 구색을 갖춰야 한다. 그래야 그것들이 삶의 구체적인 목표가 되고 이를 추구하는 동력으로 역할과 기능을 제대로 하게 될 것이다. 그렇지 않다면 굳이 꿈으로 품고 있기보다 털어버리고 정리하는 것이 현명하다.

꿈이 추구하는 가치와 의미

∞

꿈은 참 다양하다. 그만큼 인간이 추구하는 것이 다양하다는 의미일 것이다. 여러 소망들을 자신이 실제로 준비하고 실현할 수만 있다면 모두 꿈이라고 하는 데 이의를 제기할 수 없다. 그런데 생각해 보아야 할 중요한 점이 있다. 이러한 직업이나 일과 활동은 물론이고 그것으로부터 얻어지는 돈이나 권력, 사회적 지위나 명예, 명성이나 인기 같은 사회적 결과물들이 과연 우리 삶에 있어서 궁극적인 목표일까 하는 것이다. 이것들은 당장 달성하려는 목표이기는 하지만, 그것들을 통해서 이루려는 '보다 궁극적인' 그 무엇인가가 있지 않을까? 하는 것이다.

요즘에는 자신의 꿈에 대해 "건물주가 될 거야."라고 얘기하는 아이들도 있다. 그런 아이들에게 "그런 꿈을 갖는 것은 좋아. 그런데 그런 사람이 되어서, 그것을 통해서 결국 얻고 싶은 것이 무엇이니?" 하고 묻게 된다. 과연 무엇이라 답할까? 우리 삶의 궁극적인 목표는 무엇일까? 무엇이 되어야 할까? 이 근원적인 문제에 대해 생각해 보지 않을 수 없다.

우리는 하루하루를 살아가면서 왜 사는지, 무엇을 이루기 위해, 어떻게 살아야 하는지 곧잘 잊어버린다. 그저 눈앞에 보이는 목표를 달성하는 것이 최선이라 생각하고 거기에 온 힘을 쏟는다. 대입을 준비하는 학생에게는 당장의 수능 성적과 대학 합격이, 선거를 앞둔 이들에게는 곧 벌어질 선거의 승리가 목표가 되어 온 힘을 쏟는 것과 같다. 그런데 대학에 들어가거나 선거에서 승리하는 것이 인생의 전부일까? 대학생이 되고, 권력을 쥐면 끝일까? 그것이 아니라면 그것을 통해서 궁극적으로 얻고자 하는 것은 무엇인지 깊이 생각해 보지 않으면 안 된다는 것이다.

이것은 꿈의 가치와 의미의 문제이다. 꿈이 추구하는 가치와 의미를 찾고, 그 가치와 의미를 목표로 삼는다면 바로 '꿈 중의 꿈'이라고 할 수 있다. **그렇게 보면 직업이나 일, 활동들이나 이를 통해 얻게 되는 돈과 권력, 사회적 지위 그리고 명예와 명성, 인기 등에 대한 꿈은 우리네 삶의 '과정상의 목표' 또는 '중간적인 목표'라는 것을 깨달**

2장

게 된다. 삶의 궁극적 목표만이 최종 목표라고 한다면, 그것들은 최종 목표를 향한 일종의 '수단과 방법'에 해당한다.

우리 아이들이 삶에서 행복을 찾고 삶을 누리도록 하기 위해서는 부모부터 이런 생각을 마음에 새기고 전해줄 수 있어야 한다.

삶의 진짜 목표, '최상의 행복'

삶의 가장 궁극적인 목표를 꿈으로 표현한다면 '궁극적인 꿈'이라고 할 수 있다. 우리 삶의 궁극적인 꿈은 무엇일까? 이렇게 물으면 많은 사람들은 '행복'이라고 답한다. 행복? 좋다. 행복을 싫다고 할 사람은 아무도 없다. 그런데 이 행복이라는 익숙한 단어에 대해 여러 가지 생각해 볼 과제가 있다.

'행복'이라는 단어를 사전에서 찾아보면 '좋은 일이 생겼을 때 기뻐하고, 희망하던 일이 성취되었을 때 만족하는 것' 등으로 설명한다. 이것은 세상 사람들이 통상적으로 사용하는 통속적 의미의 행복이다. 좋은 일이 있을 때 기뻐하는 것은 행복이고 그 반대의 경우는 불행이라고 생각하는 것이다. 하지만 행복은 이런 통속적 의미에 한정되는 것일까?

2장

　행복의 어원을 살펴보자. 이는 고대 그리스 철학자들이 사용한 '에우다이모니아eudaemonia'라는 용어에 뿌리를 둔다. 에우다이모니아의 의미는 '에우(좋은)'와 '다이몬(영혼)'의 합성어로, 풀이하면 '좋은 삶(good life)'이라는 뜻이다.

　어원을 바탕으로 본다면 행복은 '인간이 추구하는 최고의 삶이 가져오는 행복' 또는 '인간이 추구하는 최고의 선이 실현될 때 가져오는 행복'이라 할 수 있다. 달리 표현하면 '인간의 삶의 궁극적인 목표가 될 수 있는 최고 수준의 심신의 상태'다. 통속적 의미의 행복에 비추어 보면 높은 차원의 행복이다. '성공'이라는 단어도 찾아보자. '부나 명예, 사회적 지위를 얻음', '목적을 이루는 것'으로 설명한다. 한마디로 통속적 의미의 성공이다. 삶의 성공이 전부 이런 수준이라고 할 수 있을까? 진정한 의미의 성공, 보다 높은 수준의 성공이 있지 않을까 생각하게 된다.

　길한 일과 흉한 일, 재앙과 복을 아울러 뜻하는 '길흉화복吉凶禍福'이라는 말이 있다. 길흉화복을 나누는 기준이 무엇일까? 그것은 시대에 따라서, 지역에 따라서, 문화권이나 인종에 따라서도 다를 것이다. 같은 시기에 살고 있더라도 개개인의 생각에 따라서 달라지기도 할 것이다. 국가의 최고 권력을 행사하는 대통령에 새롭게 누군가가 당선되더라도 한쪽에서는 잘되었다고 축하할지 모르지만, 다른 쪽에서는 안타까운 일이라며 혀를 끌끌 차는 이도 있을 수 있다. 또, 어떤 아이가 남다른 특기를 드러내고 기획사에 발탁되어 아이돌 가수가 되었다고 치자. 이런 경우에도 누군가는 부러워하며 선망의 눈으로 바라보겠지만, 다른 누군가는 젊은 사람이 길을 잘못 들었다며 걱정 어린 눈으로 바라볼 수도 있다.

이처럼 길흉화복에 대해서는 받아들이는 사람에 따라 다양한 차이가 있을 수밖에 없다. 다만, 1가지 명백한 사실은 이러한 길흉화복의 개념은 앞에서 본 통속적 의미의 행복을 기준으로 하고 있다는 사실이다. 그것을 받아들이는 사람의 희노애락의 감정과 심리상태에 따르는 것이다. 수준 높은 행복이란 그런 통속적인 '길'과 '복'에서 오는 것이 아니다. 사람들이 말하는 길흉화복을 초월해야만 비로소 다가오는 것이다.

사람들은 먹고살기 위해 직업을 갖고 발바닥에 땀이 나도록 뛰어다닌다고 말한다. 당연하다. 그래서 먹고사는 것도 꿈이 되고, 직업을 갖고 일하는 것도 꿈이 된다. 그런 자신의 꿈을 이루지 못한 사람은 그 꿈을 이루지 못해서 행복하지 못하다고 할 것이다. 반면에 자신의 꿈을 이룬 사람은 모두 행복하다고 말할까? 아니다. 반드시 그렇지도 않다. 여전히 행복은 저 멀리 있다고 말하는 경우가 많다. 자신의 꿈을 이루었는데도 행복하지 않다면 그 꿈은 제대로 된 꿈이었

2장

는지, 그 꿈은 무엇을 위한 것이었는지를 다시 살펴보게 된다. 헛된 꿈을 꾸었거나, 그 꿈의 가치와 의미를 망각했을 가능성이 크다.

모든 사람이 나름대로 꿈을 가지고 노력했는데 그 꿈을 이루었든, 이루지 못했든 행복하지 않다면 무슨 소용이 있을까? 그들은 자신의 그 작은 꿈들은 '아주 높은 수준의 행복'이 궁극적인 목표, 즉 꿈 중의 꿈이 되어야 함을 놓치고 있는 것이다.

삶의 궁극적인 꿈은 '최상의 행복'이다. '최고 수준의, 높은 차원의 행복'이다. '궁극의 행복'이다. 좋은 일이 생겼을 때 잠시 기뻐하는 수준의 그런 행복이 아니다. 최고 수준의 삶이 계속될 때 느낄 수 있는 그런 행복이 최상의 행복이다. 우리는 최상의 행복이라는 궁극적 꿈을 이루기 위해 그 작은 꿈들을 추구했던 것이다. 눈앞에 보이는 욕구나 성취, 직업이나 소유물들도 꿈이라면 꿈이라고 할 수 있으나, 결코 궁극적인 꿈은 아니다.

그렇다면 '최상의 행복'은 어디에서 찾을 수 있을까? 어떻게 찾을 수 있을까? 이제부터 곰곰이 최상의 행복에 대해 생각해 보는 시간을 가져 보자. 생각의 깊이가 깊어질수록, 그 수준이 높아질수록 우리는 '최상의 행복'에 점점 가까워질 것이다.

"꿈이 없다는 우리 아이, 어떻게 하죠?"

Q&A

Q.
우리 아이는 꿈이 없다고 합니다.
꿈을 가지라고 하거나 꿈을 찾도록 돕자니 잔소리가 되는 것 같고,
알아서 하라고 내버려 두자니 걱정이 됩니다.

A.
아이가 꿈이 없다 하니 얼마나 당황스러우실까 충분히 공감할 수 있습니다. 그렇지만 이것만은 점검해야 합니다. 혹시 부모님이 착각을 하고 계신 것은 아닌가 묻고 싶습니다. 혹시 꿈이란 앞으로 다가올 미래에 이루고자 하는 그 어떤 것이라고 생각하고 계시는 것은 아닐까요? 세상의 말을 따르면 그것이 맞습니다. 그러나 이제는 생각을 바꾸어야 합니다.

꿈은 여러 가지가 있을 수 있지만 그 중에서 가장 우선할 꿈, 즉 '꿈 중의 꿈'은 내일이 아니라 '오늘의 꿈', 저기 어딘가가 아니라 '여기의 꿈'이라는 사실입니다. 그동안 꿈이라고 하면 미래와 저기 어디의 꿈이라고 생각했지만 이는 잘못된 것입니다. 가장 소중한 오늘을 무시하고, 세상이 어떻게

변할지 모르는데 그저 미래에만 집착하는 목표지향적 성과주의 발상입니다. 목표를 세우고 노력하는 것은 좋지만, 지금 이 순간을 무시하는 것은 기본부터 잘못된 것입니다. 오늘이 있고 나서야 비로소 내일이 있기 때문입니다.

따라서 아이들에게 다짜고짜 '미래의 꿈'을 의미하는 뜻으로 "꿈이 뭐니?" 하고 물어서는 안 됩니다. 정말 중요한 꿈을 묻고자 한다면 '지금 이 순간의 꿈'이 무엇이냐고 물어야 합니다. 지금 이 순간 아이는 자신이 하고 싶고 잘하는 일을 제대로 하고 있는지, 그것이 무엇인지를 물어야 합니다. 아이의 적성 안에 꿈이 있기 때문입니다.

아이가 미래에 대해 어떤 생각을 하고 있는지 궁금하다면 분명하게 특정해서 '미래의 꿈', 또는 '장차 다가올 그 때의 꿈'이 무엇이냐고 물어야 합니다. 문제는 여기에서 발생합니다. 아이의 대답이 신통치 않을 때 걱정이 시작되는 것입니다. "우리 아이는 도대체 꿈이 없대. 왜 그런지 모르겠어." 하고 속상해 합니다.

부모님께 묻습니다. "부모님께서는 그 아이에게 어떤 대답을 듣길 원하십니까?"라고요. 아이가 지금 몇 년이나 살았다고 무엇이 될 것이라 상상할 수 있겠습니까? 아이들이 세상에 대해 얼마나 알까요? 세상에 어떤 직업이 있는지, 어떻게 살아야 하는지 어른들도 잘 모르는 그것을 아이들은 어떻게 알고, 어떤 직업을 갖고, 어떻게 살아야겠다고 생각하겠습니까?

아이들에게 꼭 물어서 스스로 찾도록 해야 할 과제가 있습니다. "지금 이 순간, 네가 하고 싶은 것이 무엇이니?", "지금 이 순간, 네가 잘하는 것이 무엇이니?", "너는 지금 그것들을 열심히 하고 있니?" 그리고 이 질문을 꼭 해야 합니다.

"지금 이 순간 너는 행복하니?"

이것이 바로 적성 찾기를 돕는 것입니다. 그 결과 자신의 적성을 순간순간 융합해 스스로 놀 거리를 만들거나 마음에 드는 과목을 공부하고 봉사활동을 다니게 되는 것입니다. 그리고 이것이 기본적인 생활 습관이 되면 직업을 선택하거나 진로를 결정하는 시점이 와도 확신을 가지고 단호하게, 그리고 자연스럽게 적성에 맞는 선택을 할 수 있게 됩니다. 굳이 꿈이라는 말을 쓰지 않더라도 직업이나 진로는 그렇게 자연스럽게 결정됩니다.

Q.
지금 중1인 우리 아이는 꿈이 소방관이라고 합니다. 믿어도 될까요? 아니면 더 두고 보아야 할까요?

A.
중1인 아이가 명확하게 소방관이 되겠다고, 그것이 꿈이라고 못 박아 말하는 것은 아직 믿을 수 있는 것이 아닙니다. 지금은 그런 생각을 해 본다는 정도로 이해하시면 될 것 같습니다. 그렇다고 잘못된 생각이라고 지적할 필요는 없습니다. 아이들은 적성과 관련이 있든, 없든 그리고 정확한 정보를 가지고 있든, 없든 무엇이든지 상상해 볼 수 있기 때문입니다.

아이들에게 "네 꿈은 뭐니?" 하고 물어 정확한 답을 들으려는 시도를 해서는 안 됩니다. 미래의 꿈에 대해 대화를 할 때는 꿈이 여러 가지일 수 있다는 점을 꼭 알려주어야 합니다. 꿈에 대한 아이들의 이야기 중에 가장 바람직하다고 생각되는 것은 "저는 여러 가지 중에서 어떤 것을 고를지 생각 중이에요."라는 답입니다.

하나씩 생각해 봅시다. 먼저, '생각 중'이라는 점이 중요합니다. 꿈을 하나로 못 박는 것은 권하고 싶지 않습니다. 세상이 어찌 변할지 모르기에 꿈으로 삼았던 직업이 아예 사라져 버릴 수도 있고, 나중에 여러 적성을 융합하면 새롭게 등장한 직업 중에서 나와 맞는 것을 만날 수도 있기 때문입니다. 평소에 늘 적성 찾기와 진로 찾기의 습관을 가지는 것이 중요한 이유입니다.

그리고 '여러 가지 중에서'라고 언급한 부분을 봅시다. 타고난 적성은 다양합니다. 이를 융합하면 많은 선택지가 나오게 됩니다. 진로는 그 중에서 고르면 됩니다. 선택지가 많기 때문에 선택의 폭도 넓습니다. 그렇게 쉽지 않을 것 같다고요? 아닙니다. 새로운 적성을 찾으면 찾을수록 더욱 흥미

진진해지는 것을 알게 될 겁니다.

질문의 주인공처럼 소방관이 적성에 맞다고 생각하는 아이가 있다고 합시다. 그렇다고 이 아이에게는 소방관 외에 다른 직업은 적성에 맞지 않는 것일까요? 아닙니다. 적성에 맞는 다른 직업이 반드시 있습니다. 이 아이는 위기 상황에서도 당황하지 않고 민첩하다든가, 불 같은 것을 잘 다룬다거나, 어려움에 처한 이들을 돕는 일에 능할 수 있을 것입니다. 이러한 적성들이 융합한 결과가 소방관일 수 있지만, 각 적성의 비중을 다르게 융합하면 또 다른 선택지가 만들어지게 됩니다. 또한 그 적성에 다른 적성을 추가해 보면 전혀 다른 선택지도 여럿 등장합니다. 가깝게는 경찰이나 군인, 화재 예방 기구 업체와도 연결될 수 있고 소방 관련 연구 등 적성의 융합에 따라 생각지 못했던 다양한 선택을 할 수 있는 것입니다. 무엇 하나를 콕 집어서 말하지 않고 '여러 가지 중에서 생각 중'이라고 답한 것이 가장 기특하고 훌륭한 답인 이유입니다. 이런 답을 들었을 때 우리 부모님들은 아이의 생각을 지지하고 지원해줘야 합니다. 아이가 가진 가능성을 기뻐하고 격려의 박수를 보내주세요.

3

시키는 대로 잘 하는
'착한 아이'의 시대는 끝났다

부모는 정원사의 역할만 해야 한다. 자녀들은 정원의 나무와 같다. 부모가 보았을 때 좀 더 좋은 적성이라고 판단해서도 안 되고, 부모 판단에 의해 유도해서도 안 된다. 안타까워하지도, 답답해하지도 말아야 한다. 그저 지켜보아야 한다. 혼란이나 방황처럼 보이겠지만 그 자체가 적성 찾기의 훌륭한 과정이다.

자유학년제, 200% 활용하기

앞서 2장에서 뇌 발달 과정을 살펴보며 적성 찾기의 골든타임을 보았다. 그런데 우리나라 교육현장은 어떠한가? 우리 아이들이 바로 이 골든타임의 대부분을 보내고 있는 학교는 제대로 뒷받침하고 있을까? 그리고 매일 아이들과 함께 생활하는 가정은 어떨까? 우리는 지금까지 아이들을 획일적으로 입시에만 내몰고 있었던 것은 아니었을까?

그동안 우리나라 교육제도는 많은 변화를 겪었다. 고교 평준화, 대학 졸업정원제, 과외 금지, 대학 본고사 폐지, 선 시험 후 지원, 수학능력시험, EBS 수능 연계, 입학사정관제, 학생부종합전형, 절대평가 도입 등 자고 일어나면 새로운 제도가 탄생했다. 대통령이나 정권이 교체될 때마다 변하기도 했지만 그 외에도 수시로 정신을 차릴 수 없게 변해 왔다. 무슨 말인지 알쏭달쏭한 것도 많았다. 1가지 공통점이라면 공교육이 파멸할 위기에 봉착하자 일시적으로 제도를 고쳐 난관을 돌파하려다 번번이 실패했다는 점이다.

특히 대입제도를 고쳐 개선하려던 시도는 백이면 백 모두 실패했다. 이것은 너무도 당연한 결과다. 왜일까? 한국 교육은 대입제도를 고친다고 개선될 수 없기 때문이다. 그런데도 이 당연한 원리를 알지 못하는 이들이 정책을 만들고 있으니 번번이 실패하는 것은 당연하지 않겠는가?

한국 교육을 고칠 수 있는 단 하나의 방법은 모든 교과과정을 '적성 찾기' 교육으로 전면적으로 바꾸는 것이다. 교육의 기본으로 돌아가는 것이다. 아이들이 적성을 제대로 찾을 수만 있다면 비정상적인 대학 진학률부터 획기적으로 바뀔 것이다. 그리고 저마다 적성을 따라 사회에 진출해 개성 있고 성공적인 삶을 개척하게 될 것이다.

적어도 대한민국에서는 '교육은 백년지대계'라는 말은 안타깝지만 통하지 않는다. 인간의 뇌 발달과 시사점을 제대로 이해하지 못한 채 다람쥐 쳇바퀴 돌듯 똑같은 잘못을 반복한 것이다.

적성 찾기를 주창하는 목소리 덕분에 조금씩 변화의 움직임이 싹터 온 것은 다행이다. 특성화고 육성, 마이스터고 신설, 일 학습 병행제, 도제학교, 선 취업 후 진학, 자유학년제 등이 그렇다.

'자유학년제'는 중학교 과정 중 2개 학기 동안 시험 없이 토론과 실습 같은 참여형 활동을 통해 아이들의 꿈을 찾고 적성을 발견할 수 있는 기회를 열어주는 것이 목적이다. 이 제도는 기존 자유학기제의 1개 학기를 1년의 과정으로 확대한 것이다. 일부에서는 '학력 저하'를 우려하는 목소리가 나오기도 했다. 그렇지만 무조건 공부를 하지 않는 것이 아니다. 오전에는 국어, 영어, 수학 등의 교과수업으로 운영된다. 사교육 시장에서는 '자유학기제 완벽 대비'라는 타이틀 아래 "지금 공부 안하면 고등학교에서 바닥을 긴다."는 식으로 불안을 조장했다. **당장 몇 년 후의 입시 경쟁에서 이길 아이로 키울 것인가? 평생 자신의 적성을 찾아 스스로 살아낼 수 있는 아이로 성장하도록 도울 것인가?** 똑똑한 부모라면 금세 올바른 판단이 무엇인지 알아차릴 것이다.

물론 자유학년제의 취지는 좋지만 부족한 점도 많다. 모든 교과과정을 교육의 기본인 저마다 타고난 적성을 찾도록 돕는 방향으로 확 바꾸어야 하지만 아직은 쉽지 않다. 당장 현실적으로 어렵다면 주어진 여건을 200% 활용할 고민을 하는 것이 좋지 않을까?

관련한 외국의 제도 중 먼저 아일랜드에서 운영하고 있는 '전환학년제transition year'를 살펴보자. 영국의 '갭 이어gap year'를 본뜬 이 제도는 정규학제 중간에 위치한다는 점에서 우리와 유사하다.

아일랜드의 학생들은 중학교 3년 과정을 마치고 고등학교에 들어가기 전에 1년 동안의 특별한 학교 교육과정 또는 프로그램을 선택할 수 있다. 국가적으로 표준화된 과정은 없으나 4개의 층에 근거한 균형 잡힌 프로그램을 권하고 있다. 4개의 층이란 필수 과목, 고교 과정에서 새롭게 만날 영역에 대한 선택 과목, 전환학년제에서만 제공하는 특별 과목, 1회성 체험으로 구성하고 있다.

전환학년제를 시행하면서 아일랜드 교육부에서는 학문간 통합을 의도했다. 분야 간 경계가 희미해지는 변화에 능동적으로 대응하기 위함이다. 우리 교육과정에서도 다양한 분야를 융합하는 교육을 시행하고 있지만 현실적으로 부족한 것이 사실이다. 독서가 적성에 맞다면 시험 부담에서 벗어나 조금은 여유를 갖게 된 시간을 활용해 다양한 분야의 독서를 권할 수 있다. 사회 각 분야의 지식인이나 대학 등에서 추천하는 도서 목록을 활용하면 효과적일 것이다. 내가 알고 있는 한 책만큼 좋은 간접 체험의 수단은 없었다.

전환학년제에서도 시험이 없을 뿐 평가 자체가 없는 것은 아니다. 자유학년제를 보내면서 부모들은 그동안 아이들이 발견한 적성과 관련해 어떤 활동을 하고 있는지, 어떤 것을 배우고 얻고 있는지를 지속적으로 관찰할 필요가 있다. 이는 '잘 한다', '못 하고 있다'를 평가해 줄을 세우려는 것이 아니다. 아이 스스로 강점과 장점을 알고, 건강한 자존감을 가지고 있는지 확인하고 열정을 북돋아주기 위함이다.

덴마크에서 시행하고 있는 '애프터스콜레efterskole'도 참고할 만하다. 1학년부터 9학년까지 우리나라의 초등학교와 중학교에 해당하는 공립기초학교를 마치면 1~2년 과정의 기숙학교인 애프터스콜레를 거칠 수 있다. 전체 학생의 20~30% 정도가 자율적으로 희망하는 것으로 알려져 있다. 이 과정은 관계를 중심으로 공부에 대한 부담 없이 자신의 재능에 대해 깊이 생각하며 흥미와 관심을 심화시킬 수 있도록 돕는다. 흥미로운 점은 학교에 적응하지 못해 어려움을 겪는 아이들도 애프터스콜레를 통해 필요한 교육을 충분히 그리고 즐겁게 받도록 돕고 있다는 점이다.

아이들이 학교에 대해 부담과 고민을 가지고 있을 수 있다. 그렇다면 시험의 압박에서 잠시나마 벗어날 수 있는 자유학년제를 활용해 쉼을 주고 다시 일어설 힘을 얻게 할 수 있다. 경쟁과 평가는 평생 따라다닐 것이다. 피할 수 없는 만큼 이 시간을 활용해 포기하지 않는 근력을 키울 기회로 삼을 수 있게 도와야 한다.

세계 각국에서 이런 제도를 운영하는 이유는 무엇일까? 아이들의 특성을 무시한 획일화된 교육에 대한 반성 때문이다. **궁극적으로 대한민국 교육은 하루 빨리 기본으로 돌아가야 한다. 그래서 저마다 타고난 적성을 찾고 계발하도록 해야 한다.** 국어 지문 빨리 읽고, 영어 단어 하나라도 더 외우거나, 수학 문제 유형을 익혀서 수능을 잘 보고 대학 가는 것이 아니라, 나를 찾는데 최선을 다하도록 도와야 한다. 지금 당장은 주어진 환경을 최대한 활용하는 것이 최선이지만, 궁극적으로 부모 세대가 해야 할 일이 무엇인지 잊으면 안 된다.

흥미인가? 재능인가?

무언가를 '하고 싶다'는 생각을 하게 되는 경우는 자주 있다. TV를 보다가 문득 '나도 저거 해 보고 싶다' 하고 생각하는 경우가 있는가 하면, 유명인의 자서전을 읽고 감동을 받아 '나도 이런 인물이 되고 싶다'고 생각할 수도 있다. 어쩌면 한때의 유행을 따라 마음이 움직이거나, '친구 따라 강남 가듯' 주변 분위기에 휩쓸려 '어, 그러면 나도 해 볼까?' 하고 생각할 수도 있다. 그 외에도 그럴듯한 소문을 듣게 되거나 호기심을 느끼는 경우도 있겠다. 흔치 않지만 과거의 뼈아픈 상처로 인해 반사적 욕구가 생기거나 분노나 복수심이 발동해 무언가를 하고 싶다고 생각하게 되기도 한다.

이렇게 '하고 싶다'는 생각만으로 적성이라고 할 수 있을까? 아니다. 그것만으로는 부족하다. 아무리 하고 싶다는 생각이 들었더라도

3장

적성이란 무엇일까?

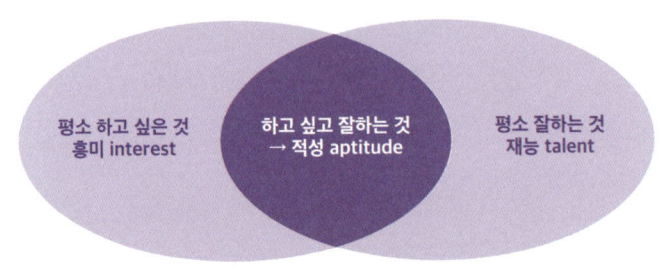

막상 실제로 해 보았을 때 반드시 잘해 낼 수 있는 것은 아니기 때문이다. 잘 해낼 수 없다면 내 것이 아니다. 그런 일은 아무런 도움이 되지 않을 뿐만 아니라 다른 이들에게도 보탬이 되지 못한다.

그런가 하면 남들과 비교해 뛰어나게 잘하기는 하지만 막상 자신은 별로 하고 싶은 마음이 없는 경우도 있다. 많은 경우 남보다 잘한다고 느끼면 하고 싶어 하는 경우가 많다. 재능이 있다고 확신할 수 있는 경우 이것은 적성에 가깝다고 할 수 있다. 그러나 더 잘할 수 있는 것들이 따로 있거나 더 큰 호기심을 느끼는 것이 있다면 굳이 하고 싶어 하지 않을 수도 있다. 분명히 잘하기는 하지만, 큰 실수를 했었거나, 주변 여건상 계속 하기 어려워 포기하기 위해 마음을 놓는 경우도 생길 수 있다.

내 경우에는 글쓰기의 재능이 있다고 할 수 있다. 학창시절 백일장에서 장원에 뽑히기도 했고, 고교생 경진대회에서 상을 받기도 했다. 또 사회에 나와서는 일간지에 수년간 고정 칼럼을 게재하기도 했다. 그렇지만 나는 글쓰기보다 말하는 것이 더 편하다. 그래서 원고 청탁보다 방송에서 한마디 해 달라는 요청을 부담 없이 받아들이는 편이다. 실제로 20여 년간 쉬어본 적이 없을 정도로 방송국에 불려 다녔다. 아무리 재능이 있다고 해도 반드시 하고 싶은가 하면 거기에는 정도의 차이가 있다.

이런 내용을 종합해 적성aptitude을 한마디로 설명하면 '하고 싶고, 잘하는 것'이라 할 수 있다. '하고 싶어 한다'는 요건과 '실제로 잘한다'는 요건이 충족되면 그제야 적성이라고 할 수 있는 것이다.

'하고 싶다'는 것과 실제로 '잘 한다'는 것은 전혀 다른 차원이다. 하고 싶으면서 실제로 잘할 수도 있지만, 전혀 그렇지 않은 경우가 많다. 거꾸로 다른 사람에 비해 좀 더 잘한다고 해도 하고 싶은 것은 아닐 수 있다. 이처럼 적성을 흥미interest나 재능talent과 혼동하거나 착각할 것이 아니라, 그것들의 공통되는 부분임을 분명히 인식할 필요가 있다.

3장

아이 스스로만이 찾을 수 있다

∞

많은 부모들에게 "당신의 적성은 무엇입니까?"하고 물으면 선뜻 대답을 하지 못한다. 어린이나 청소년들도 마찬가지다. "저는 특별히 잘하는 게 없는데요."라는 대답을 하는 아이들이 많았다. 그렇지만 이 아이들에게 적성이 없는 것은 아니다.

이 세상에 적성이 없는 사람은 아무도 없다. 모르겠다거나 없다고 생각하는 것은 자신의 적성을 발견하고 계발하지 못했을 뿐이다. 적성이라는 보물 상자를 아직 열어 보지 못한 것이다. 아이들도 스스로 탐색해 보지 않았기에 적성을 모른다. 하지만 부모나 선생님 등 어른들이 탐색할 수 있는 기회를 만들어 주거나 이끌지 못한 책임이 더 크다. 그렇다면 자신이 '하고 싶은 일' 그리고 '잘하는 일', 즉 적성은 누가 어떻게 찾을 수 있을까? 답은 간단하다. 오직 나 스스로만 찾을 수 있다.

스스로에게 '하고 싶은 일', '잘하는 일'이 무엇인지 항상 질문하고 또 질문해야 한다. 적성을 찾는 일이 무엇보다 중요하다는 사실을 알았다면 우리 아이들에게도 스스로 계속 질문하고 답을 찾도록 도와야 한다. 이것은 나 자신이 탐색의 주체가 되면서 동시에 객체가 됨을 의미한다. 자신에게 자극을 주고 가장 중요한 숙제가 되게 해서 기어코 해답을 찾아내도록 하는 것이다.

이제는 어른들도 우리 아이들을 향한 질문을 바꿔야 한다. 지금까지는 무조건 "꿈이 뭐니?", "공부 잘하니?" 혹은 한술 더 떠서 "몇 등 정도 하니?" 하고 물어왔다면 이제 그 질문을 바꿔 보자.

"넌 뭘 하고 싶니?"

"넌 무엇을 제일 잘하는 것 같아?"

이런 질문을 자주 해야 한다. 아이들에게 이렇게 물으면 자신이 뭘 하고 싶은지, 뭘 잘하는지 생각하게 되고, 머릿속에서 프로그래밍을 하면서 답변을 궁리하게 된다. 굳이 공부와 관련해 질문을 하고 싶다면 "넌 무슨 과목을 공부하고 싶어?", "넌 무슨 과목을 특별히 잘 해?"라고 묻자. 많은 부모들은 시간과 돈이 많아야 아이들에게 더 풍부한 체험을 시킬 수 있다고 생각하지만 이는 잘못된 생각이다. 여유보다는 생각이 더 중요하다. 무엇보다 부모는 아이가 스스로 적성 찾기에 도전하도록 해야 한다. 부모가 직접 체험을 주도할 일은 결코 아니다. 체험할 현장과 직업을 아이 스스로 탐색하도록 도와주어야 한다. 대부분의 아이들은 1주일 내내 영어, 수학학원에 논술학원까지 다니느라 바쁘다. 학원에 쏟아 붓는 그 시간과 비용을 적성을 찾는 데 쓴다면 아이들의 인생이 확 달라지지 않을까?

지금 제일 가고 싶은 곳을 찾아보라고 하자. 방송국에 가고 싶다고 한다면 각 방송국 홈페이지에 들어가 견학 프로그램을 찾게 한다. 혹은 장수풍뎅이가 보고 싶다고 하면 곤충 박물관에 가고 주말 농장에 등록하게 한다. 요즘 많은 아이들이 꿈꾸는 가수가 되고 싶다고 하면 좋아하는 가수의 콘서트에 보내주고 오디션을 보게 해준다. 만약 그 일에 진짜 적성이 있다면 체험을 기회로 보다 더 확장시켜 나갈 방법을 찾을 것이다. 적성이 있다면 저절로 그렇게 된다. 그러나 한때의 유행이나 세태에 휩쓸려 그런 생각을 했다면 스스로 정리를 하기 마련이다. 아이들은 어른들이 생각하는 것처럼 판단력이 없지 않다. 그들은 할 수 있는 일과 안 되는 일을 본능적으로 구분할 줄 안다.

여기에서 부모가 명심할 것이 있다. **이 모든 과정에서 부모는 정원사의 역할만 해야 한다. 자녀들은 정원의 나무와 같다. 부모가 나서서 '이거 해라', '저거 해라' 강요하면 안 된다.** 부모가 보았을 때 좀 더 좋은 적성이라고 판단해서도 안 되고, 부모 판단에 의해 유도해서도 안 된다. 안타까워하지도, 답답해하지도 말아야 한다. 그저 지켜보아야 한다. 부모 입장에서는 혼란이나 방황처럼 보이겠지만 자녀들에게는 그 자체가 적성 찾기의 훌륭한 과정이 되는 것이다.

우리나라 부모들이 적성 찾기에 영어나 수학만큼 관심만 기울인다면 대한민국의 모든 아이들은 일찌감치 적성을 찾았을 것이다. 적성이 없다고 대답하는 아이들이 문제가 아니라, 아이들에게 아직껏 체험할 기회도 주지 않고 성적에만 매달렸던 부모들이 문제였던 것이다.

3장

일단, 체험하게 하자

∞

　적성 찾기에서 특히 주의해야 할 점이 있다. 무엇보다 '하고 싶어 하는 것'을 절대로 무시해서는 안 된다는 것이다. 오히려 아이가 '하고 싶어 하는 것'에 대해 깊은 애정을 가지고 그 호기심에 대해 주목하도록 해야 한다. 그것은 적성 발견의 계기가 되거나 적성 발견에 결정적 단서가 될 수 있기 때문이다. 따라서 무언가를 '하고 싶다'는 욕구가 느껴질 때는 그것을 무시하거나 묵살해서는 안 된다. 오히려 그것을 반드시 체험해 보려고 노력해야 한다. 그것이 일시적인 흥미에 불과한 것인지, 아니면 지속적인 재능과 연결되는 것인지를 확인하기 위해서는 반드시 체험해 보지 않고는 확인할 수 없기 때문이다.

　직접 체험을 하는 것이 가장 좋다. 책을 통해 간접 체험을 하는 방법도 있지만, 가장 좋은 것은 직접 체험을 하는 것이다. 신발 공장에도 가 보고 방송국에, 고층 빌딩에, 과수원, 음악회, 야구장 등 가릴 것 없이 가고 싶은 곳을 모두 가 보는 것이다. 그리고 인턴도 해 보고, 자원봉사도, 잔심부름도 해 본다. 현장에서 의문이 생기면 질문을 하고, 호기심이 생기면 실습도 해 본다.

이처럼 다양한 체험을 하다 보면 '왠지' 마음에 드는 것이 있다. 무어라 말로 설명할 수 없지만, 마음속 한구석에서 꿈틀대는 그런 느낌을 한번쯤 경험했을 것이다. 어떤 특별한 이유나 사연이 없음에도 막연하게 '왠지' 내 마음에 드는 것이 생기기 마련이다. **그 '왠지'가 중요하다. 이것을 놓쳐서는 안 된다는 것이다. 바로 이것이 자신의 적성을 발견하는 데 결정적인 단서가 되기 때문이다.**

실제로 나의 길을 찾는 것은 직접 체험을 바탕으로 나 자신과의 수많은 교감과 질문을 통해 이루어진다. 실제 체험 결과 그것이 정말 내가 '잘하는 것'이라는 사실을 발견하면 그야말로 최고다. 바로 적성을 찾은 것이다. 앞으로는 이를 어떻게 잘 활용할 것인가의 과제만 남을 뿐이다.

반면에 실제 체험 결과 나의 것이 아니라는 사실을 발견하더라도 이 또한 적지 않은 소득이다. 무시할 일이 아니다. 이 일은 내 길이 아니라는 사실을 명쾌하게 발견함으로써 이후 똑같은 일에 낭비를 하지 않을 수 있는 계기가 되기 때문이다. 또 그 체험이 다른 예기치 않은 유익함을 가져올지 아무도 모르기 때문이다.

 나는 학창시절에 왜 공부를 하는지, 왜 시험을 봐야 하는지 생각하지 않았다. 그저 하라고 해서 했을 뿐이었다. 하지만 그것들은 뒤늦게나마 내 적성이 무엇인지 찾게 해주는 계기를 만들어 주었다. 특히 법조인 생활을 통해서 비행 청소년을 만날 수 있었고, 청소년을 위한 일 등 사회운동이 적성에 맞는다는 사실도 발견할 수 있었다. 모든 체험은 곧 자기탐색, 자기발견의 과정으로 활용될 수 있는 좋은 소재가 된다.

 사람은 누구에게나 타고난 적성이 있다. 태어날 때 부모의 유전자에 의해 타고 나는 것이다. 그러나 아무리 타고났다고 하더라도 실제로 체험을 하지 않으면 적성은 절대로 찾을 수 없다. 체험만이 유일한 자기발견의 길이다. 그런데 그 적성이 한꺼번에 모두 드러나 주면 좋겠지만 실제로는 그렇지 못하다. 세상이 시도 때도 없이 변하기 때문이다. 체험해야 할 세상의 새로운 것들이 계속 나타나는 것이다. 이에 따라 새로운 적성도 계속 꼬리에 꼬리를 물고 나타난다. 이는 적성이 변하는 것이 아니다. 변화에 대한 체험에 의해서 새로운 적성이 발견되는 것이다.

적성은 한꺼번에 찾아지는 것이 아니다. 변화하는 세상에서 모든 것을 한꺼번에 체험할 수 없기 때문이다. 끊임없이 찾고 또 찾아야 한다. **타고난 적성을 찾기 위해서는 일평생 끊임없이 습관으로 계속 체험을 해 나가야 한다.**

예컨대, 피아노에 적성을 타고난 사람이 있는데 그동안 산 속에서 살았던 탓으로 피아노를 구경조차 해본 적이 없다고 하자. 그렇다면 그는 아무리 피아노에 대한 적성을 타고났다고 하더라도 적성을 발견할 기회를 갖지 못했을 것이다. 그러던 그가 어느 날 갑자기 피아노를 만나게 되었는데 놀라운 재능을 발휘했다고 하자. 이것은 매우 자연스러운 일이다. 적성은 이처럼 체험과 정보의 기회를 통해서 곧바로 발견되는 것이다.

지금의 컴퓨터 관련 분야에 종사하는 이들을 보면 과거 컴퓨터가 지금처럼 대중화 되지 않았던 시절에는 각자 다른 업종에 종사했을 것이다. 그러다 이 세상에 컴퓨터라는 괴물이 등장했을 때 그들은 자신과 컴퓨터의 적성 여부를 실험해 보았을 것이다. 그런데 놀랍게도 궁합이 맞았다. 그래서 옛 직업을 팽개치고 이 업종으로 변신을 했을 것이다. 물론 이 컴퓨터 업종에 적성이 맞지 않는다고 판단한 이들은 지금도 옛 업종이나 다른 업종에 종사하고 있을 것이다. 이는 매우 자연스러운 일이다.

3장

세상은 변한다. 특히 지금의 4차 산업혁명 시대에는 그 변화의 속도가 과거 어느 때보다도 빠르다. 다가오는 미래에 언제, 어디에서 무엇이 어떻게 나타날지 아무도 예측할 수 없다. 그러므로 적성 찾기는 한시도 소홀히 할 수 없다. 변화하는 세상 속에서 나 자신의 적성을 끊임없이 찾아 나가야 하는 것이다. 적성 찾기를 한 다음 그 발견한 적성들을 융합해 진로 찾기에 나아가야 하는 것이다.

하고 싶고 잘하는 일, 마음껏 해 보자

우리네 삶의 궁극적 목표, 즉 궁극적인 꿈이 '최상의 행복'이라면 그 꿈을 이루기 위해 무엇을 어떻게 해야 할 것인가 생각해 보게 된다. 당연히 꿈을 세우고 이를 위해 최선의 길을 모색하는 등 다각적인 일들을 해야 할 것이다. 그리고 그 아래의 중간적인 꿈, 일시적인 꿈들도 모두 궁극적인 꿈을 향한 과정의 꿈들로 자리매김하고 그 취지에 충실하고 일탈을 방지하려는 노력을 하여야 할 것이다.

그 여러 꿈을 세울 때도 가장 먼저 고려할 것이 있다. 바로 내 안의 적성이다. 왜냐하면 적성은 나의 모든 생각과 행동을 지배하고 결정하는 기본이기 때문이다. 그리고 나의 적성에 맞는 일을 할 때 가장 행복할 수 있기에 그렇다.

과거에는 나의 적성이 아닌 다른 외적인 것들, 예컨대 돈이나 권력, 명예나 기타 여러 가지 사회적 결과물을 우선적으로 생각했다. 그것들은 일시적인 쾌감을 주었지만 궁극적인 행복을 느낄 수는 없었다. 이제는 바꿔야 한다.

꿈을 어디에서 찾을 수 있을까? 돈에서? 아니면, 권력? 명예나 명성에서? 모두 아니다. 바로 내 안에서 찾는다. **내 안의 적성에서 찾아야 하는 것이다.** 꿈은 멀리 있는 것이 아니다. 아주 가까이에 있다. 내 안의 적성에서 꿈을 찾자.

성공 또한 멀리 있는 것이 아니다. 내 안의 적성에서 꿈을 찾았다면 절반은 성공한 셈이다. 그 꿈을 이루면 드디어 성공에 닿은 것이다.

우리는 아이들에게 너무 쉽게 "꿈을 가져야 해."라고 말한다. 하지만 막연하게 꿈을 가지라고 말할 뿐, 구체적으로 꿈을 어디에서, 어떻게 찾아야 할지를 가르쳐주지 않았다. 누구에게나 궁극적인 꿈은 '최상의 행복'에 있음을 가르쳐주자. 그리고 그 궁극적인 성공을 위해 지금 이 순간 내 안의 적성에서부터 작은 꿈을 찾자고 아이들에게 가르쳐주자.

그렇다면 사람이 적성을 찾고 적성에 맞는 일을 하면 어떤 효과가 있을까? 사람이 자신의 적성을 찾아 마음껏 발휘하면 정말 놀라운 효과가 나타난다. 자신이 미처 상상하지 못했던 신비로운 효과를 경험할 수 있다.

먼저, 적성에 맞는 일을 하면 신바람이 난다.

예를 들어 보자. 한참 낮잠을 자고 있는데 어머니가 갑자기 방 청소를 시켜서 억지로 해야 하는 경우가 있다고 하자. 짜증이 날 것이다. 하고 싶지 않을 때 억지로 해야 하기 때문이다. 그러나 친구들을 초대해 준비하기 위해 청소를 한다면 짜증이 나지 않을 것이다. 오히려 기대하는 마음에 기분 좋게 하지 않을까?

적성에 맞는 일이라면 그 어떤 일이라도, 남이 알아주지 않아도, 누가 박수를 쳐주지 않아도, 1등을 하거나 상장을 받지 않아도 절로 신이 나서 할 것이다. 왜일까? 하고 싶어 하는 일을 하기 때문이다. 사람들은 "열정을 가져라!", "도전하라!"고 말한다. 그것만이 성공의 비결인 것처럼 말이다. 그러나 이런 열정이나 도전은 적성에 맞는 일을 하면 저절로 나온다. 쉽게 볼 수 있는 성공학 책에 나오는 것처럼 억지로 노력하지 않아도 된다. 그래서 적성 찾기가 최우선 과제라는 것이다.

두 번째로 큰 성취감을 경험할 수 있다.

적성에 맞는 일을 하면 더 높은 성과를 낼 가능성이 커진다. 신이 나서 하는 일이므로 성공률도 높아지고 성취감도 커질 수밖에 없다.

반면 실패할 확률은 줄어든다. 설사 실패했다 하더라도 실망하는 마음은 작아진다. 하고 싶어 하는 일을 했기 때문이다.

하고 싶은 일을 할 때와 하기 싫은 일을 억지로 할 때를 비교하면 어떨까? 어느 쪽이 더 성과가 클까? 너무 명백하다. 즐거운 마음으로 할 때 불량품은 적게 발생한다. 하고 싶고 잘하는 일을 하는 것은 그만큼 중요하다. 공부, 체험, 직장생활, 결혼생활도 적성에 맞는 것만 찾으면 그만큼 성취감은 커질 가능성이 높아진다.

그리고 세 번째로 창의성과 상상력이 저절로 나온다.

예를 들어 두 아이에게 로봇 장난감을 사줬는데 큰 아이는 전혀 관심을 보이지 않는데 비해, 둘째는 굉장한 호기심을 보인다. 그렇다면 둘째가 이쪽에 적성이 맞는 것이다. 만지고 분해하고 조립하다가 망가뜨리기도 하지만 재미있게 놀이를 한다.

최근 들어 교육에서도 창의성이나 상상력이 많이 강조되고 있다. 그러나 이것들도 모두 적성의 문제다. 그러므로 적성의 차이를 무시하고 무조건 창의성을 강조하는 것 역시 획일적 교육의 폐단이다. 다만 창의성이나 상상력은 누구에게나 어느 만큼은 있기 때문에 각자가 자신의 적성에 맞는 일을 하면 잠재되어 있는 창의성이나 상상력이 크게 발휘하게 된다는 사실에 주목하자는 것이다.

네 번째로 딴생각을 하지 않게 된다.

적성에 맞는 일을 열심히 하다 보면 딴생각을 할 틈이 사라진다. 아예 딴생각 자체가 나지 않게 된다. 적성에 맞는 일을 하면 신바람이 날 뿐 아니라 성취도 나타나므로 자연스레 점점 더 열심히 하게 된다. 몰입하고 집중하게 된다.

검사 시절 만났던 보호관찰소나 소년원의 아이들은 여러 비행을 저지르고 처분을 받은 아이들이었다. 그들을 선도하기 위해 여러 방법을 동원했다. 그러던 중 정말 자신이 하고 싶은 일을 해 보게 했다. 그러자 놀라운 결과가 나타났다. 그 아이들은 흥미를 느끼면서 장난칠 생각도 하지 않는 것이었다.

학교폭력의 가해자 아이들도 마찬가지다. 쓸데없이 남을 귀찮게 하거나 못살게 하는 것은 자신이 푹 빠질만한 그 무엇이 없어서다. 그들에게 자신이 푹 빠질만한 일을 하게 해 보자. 그러면 아이들은 엄청 변한다. 절대로 딴짓을 하지 않게 된다. 남 괴롭히는 일 따위는 하라고 해도 하지 않는다.

마지막으로 나는 행복한 사람이라고 생각하게 된다. 이것이 적성에 맞는 일을 했을 때의 가장 핵심적인 효과다.

남이 뭐라고 하든, 남이 어떤 평가를 하든 상관없다. 하는 일이 성과가 있든 없든, 그것도 상관이 없다. 남과 비교할 필요도 없다. 자존감이 높아지고 자긍심이 생겨나기 때문이다. 그래서 '나는 행복한 사람'이라고 생각하게 된다. 내가 하고 싶고 잘하는 일을 지금 마음껏 하고 있기 때문이다. 바로 내 적성을 사랑한 결과다.

우리 아이들에게도 하고 싶고 잘하는 일을 마음껏 해 보게 하자. 목적을 달성하든 안 하든 최선을 다해 마음껏 해 보게 하는 것이다. 적성 찾기는 이렇게 놀라운 효과를 가져온다. 삶의 기본이 확 바뀌고 활력소가 솟아오른다. 적성을 찾으면 기적 같은 행복이 찾아온다. 나의 적성에 생명력이 있고 빛이 있다. **적성 찾기가 곧 행복의 길이다. 자신의 적성을 찾아 마음껏 하고 싶고 잘하는 일을 하면서 행복의 길을 찾는 것이 이 세상에 태어난 이유다.**

적성을 사랑할 때 다가오는 행복

∽

강연에서 청중들에게 "여러분은 자신을 사랑하십니까?" 하고 묻곤 한다. 그러면 하나같이 "네!"라고 답한다. 그러다 "여러분은 자신의 지금 얼굴도 사랑하십니까?" 하고 물으면 대답 대신 이내 웃음을 터트린다. 나의 얼굴이 잘생겼다고 판단할 때 나의 얼굴을 사랑한다고 말할지 모른다. 그러면 얼굴이 못생겼다면 사랑하지 않을 것인가? 아니다. 사랑해야 한다. 오히려 잘생긴 얼굴보다 더 사랑해야 한다. 왜일까? 사랑이란 원래 그런 것이기 때문이다.

진짜 사랑은 저절로 우러나오는 것이다. 일일이 의식하지 않아도 나오는 것이다. 맹자의 설명에 의하면 '불인인지심不忍人之心(차마 참을 수 없는 마음)' 같은 것이다. 어린아이가 우물에 빠지는 것을 목격한다면 누구나 안타깝게 생각하고 구하려는 마음이 저절로 우러나온다.

3장

오히려 그것을 거부하고 억제하는 것이 우리가 가진 의식이다. **사랑을 의무라고 말할 수도 있지만, 우리의 마음 속에서 저절로 우러나오는 사랑을 거부하지 말아야 하는 것이 의무라고 말하는 것이 적절하다.** 사랑은 하고 싶으면 하고, 하기 싫으면 안 하는 것이 아니다. **사랑은 마땅히 하게 되어 있다. 그리고 사랑에는 한도도 없다. 사랑은 무한하고 무량하다.**

사랑의 대상은 나 자신부터 시작한다. 잘난 점, 못난 점을 모두 포함해서 모든 것을 사랑해야 한다. 나에게서 사랑할 만한 것을 찾자면 한 가지만이 아니다. 나의 모든 것을 사랑할 수 있어야 하므로 가짓수로 따지면 셀 수 없이 많다. 그 중에서도 정말 중요한 것이 있다. 바로 나의 타고난 적성이다.

사람은 누구나 타고난 적성에 따라 자신의 삶을 설계하고 개척해 나가야 한다. 만일 나의 적성을 사랑하지 않고 무시한다면 어떻게 될까? 실패로 뒤틀리고 상처투성이가 되어 삶이 엉망진창이 되고 말 것이다. 게다가 세상은 적성을 마음껏 발휘하도록 내버려두지 않는다. 오히려 세상이 만든 획일적인 잣대에 따라 서열적인 출세주의와 성공주의로 줄 세우고 차별하고 핍박한다. 그러다 보면 나도 모르게 적성을 무시하게 되고 적성 찾는 것을 소홀히 하게 된다.

사실 적성에 맞는 일을 발견하면 왠지 이상하게 마음이 끌리면서 관심이 가고 꼭 해보고 싶은 마음이 든다. **여기에서 이 '왠지'가 중요하다. 나도 모르게 마음속에서 적성을 사랑하는 마음이 우러나오기 때문이다.** 그래서 내친김에 적성에 맞는 일을 해 보자. 그러면 자존감도 높아지고 만족감도 커지는 것은 물론, 자신감도 갖게 된다. 그리고 가슴이 뛰면서 새로운 힘이 생긴다. 행복해지는 것이다. 그렇게 내 적성을 사랑하면 그것이 바로 나의 행복이다. 나의 행복은 내가 나를 사랑하는 데서 오는 것이기 때문이다.

누구나 행복하려면 나 자신을 사랑하면 된다. 적성을 사랑하는 것은 가장 핵심적인 부분이다. 딴마음 먹지 않고 그 적성을 찾아 마음껏 발휘해야 한다. 타고난 적성을 찾고 발휘하지 못하면 결코 행복할 수 없다.

청소년기를 보내는 많은 아이들은 대학이 마치 인생의 전부인 양 모든 것을 걸며 고통 받는다. 학생으로의 시간은 공부를 하는 때이니까 하는 수 없다며 스스로 위로 아닌 위로를 한다. 대부분 행복은커녕 스스로 불행하다 여기면서 어쩔 수 없이 그 시간을 보낸다. 인생의 가장 아름다운 시기를 억지로 하는 공부 때문에 불행하게 보내는 것이다. 만약 아이들이 적성을 찾고, 그에 맞는 공부를 한다면 얼마나 행복해 할까?

3장

학생의 시간을 보내고 있는 청소년들은 '내 적성에 맞는 공부를 하고 있을까?' 하고 자신에게 질문해야 한다. '공부가 내 적성에 맞을까? 그래서 대학에 가기 위해 공부를 하고 있는 것일까?'라는 질문을 던지고 답을 찾아야 한다. 공부가 내 적성에 맞다면 좀 더 구체적으로 '어떤 전공이 적성에 맞을까?', '나는 이 적성에 맞는 준비를 하고 있을까?' 등을 꼼꼼히 점검해야 한다.

반면 공부가 적성이 아니라면 '공부 외에 다른 어떤 적성을 가지고 있을까?', '여러 적성을 융합하면 어떤 진로가 나올까?' 그리고 '나는 그 진로에 맞는 공부를 하고 있는 걸까?' 하고 스스로에게 묻고 답을 찾아야 한다.

사실 어른들도 마찬가지다. 만약 행복하지 않다면 그 이유는 무엇일까? 내 적성을 찾지 못한 채 엉뚱한 일을 억지로 하기 때문은 아닐까? 인생 2막, 3막에 이르렀다면 지금 나의 선택은 적성을 고려한 것인지 아니면 그저 돈이 잘 벌린다고 해서, 좋은 대우를 받을 수 있어서 적성에 맞지도 않는 일을 마구 하는 것은 아닌지 꼭 물어야 한다. 이처럼 지금, 여기에서 행복을 누리려면 '나는 지금 내 적성에 맞는 일을 하고 있는가?'를 스스로에게 질문해야 한다.

행복과 불행은 나의 자유의지요, 실천의 문제다. 행복과 불행은 나도 모르게 다른 곳에서 나타나는 것이 아니라 어떤 것을 선택하느 나에 따른 자유의지에 따른 일이다. 신이 존재한다 해도 마음대로 빼앗을 수는 없다.

나의 적성을 발견하고 그 적성을 융합한 결과를 선택하는 것은 인간이라면 누구나 해야 할 과제다. 이것을 게을리 한다면 불행해진다. 적성에 맞는 삶을 살아 행복을 누릴 것인가? 세상의 시선을 따라 불행할 것인가?

적성을 찾는다는 것은 곧 행복을 찾는 것이다. 최상의 행복이 우리 삶의 궁극적 목표라면 적성 찾기는 빼놓을 수 없는 최우선적인 과제다.

"시간이 부족한 워킹맘은 어쩌죠?"

--- Q&A ---

Q.
체험의 중요성을 알지만 워킹맘이다 보니
함께 하는 시간이 절대적으로 부족해 고민입니다.

A.

아이들이 학교에 갈 시간이면 학교에 맡기시면 됩니다. 그래서 지금 대한민국의 학교 교육이 적성 찾기 교육으로 대대적인 변화를 해야 한다고 말하는 것입니다. 그러면 집에 있는 시간에는 어떻게 할까요? 꼭 학원에 보내겠다고 생각한다면 아이의 적성 찾기에 도움이 되는 곳에 보내십시오. 국어, 영어, 수학 등을 더 공부해 시험 점수를 올리는 것은 공부 적성이나 연구 적성에 맞는 일부 아이들이 학습 부족을 보충하는 의미에 한정되어야 합니다. 그렇지 않은 대다수의 아이들은 적성을 계발할 수 있는 다양한 분야의 학원을 보내는 것이 좋습니다. 이럴 때는 사교육도 일방적인 비난에서 벗어날 수 있습니다. 적성을 찾기 위함이라는 목표가 분명하게 있다면, 아이가 주도적으로 활동할 수 있다면 비난할 수 없다고 생각합니다.

그리고 집에서 자신이 하고 싶은 것을 찾아 친구들과 어울리는 것도 적성 찾기에 좋은 방법입니다. 무조건 놀지 말라고 다그쳐서는 안 됩니다. 논다는 것은 적성 찾기에 아주 좋은 기회입니다.

마지막으로, 워킹맘이어서 아이와 더 많은 시간을 함께하지 못한다고 자책하지 않았으면 합니다. 아이가 엄마와 떨어져 홀로 있는 그 시간은 아이에게 너무 귀한 시간입니다. 아이에게 더 많은 자유와 기회를 주고 스스로 서는 법을 키워주고 있다고 생각하십시오. 그보다 좋은 교육은 없습니다.

Q.

하고 싶고 잘하는 것을 해도 행복하다고 느껴지지 않는 때가 있습니다. 적성에 맞는 일을 해도 늘 행복을 느끼는 것은 아니지 않나요?

A.

남들은 절대로 상상도 못할 엄청난 발명을 해냈거나 가난하고 힘든 이들을 위해 보이지 않게 봉사를 했음에도 정작 나는 행복하지 않다고 말하기도 합니다. 때로는 이런 마음으로 인해 속상해하거나 세상을 비관하는 이들도 있습니다.

그렇다면 하고 싶지 않은 일을 억지로 했을 경우와 비교해 봅시다. 행복을 느끼지 못하기는 마찬가지일 것입니다. 그렇다면 어느 경우에 더 불행하다고 느낄까요? 하기 싫은 일을 할 때 더욱 불행하다고 느낄 것입니다.

그러면 적성에 맞는 일을 하는데도 행복감을 느끼지 못하는 이유는 무엇일까요? 그것은 적성의 문제가 아니라 다른 문제가 숨어 있기 때문입니다. 예컨대, 적성에 맞는 일을 하고 있지만 이로 인해 돈을 엄청 벌 것을 바라고 있었을 수 있습니다. 혹은 적성에 맞아 큰 봉사를 하고 있지만 언론에서 크게 다뤄주고 남들이 알아주기를 마음 속에서 바라고 있었을 수도 있습니다.

아무리 적성에 맞는 일이라 하더라도 욕심을 부리거나 이기적인 탐욕에 휩싸이면 진정한 행복은 멀리 달아나 버립니다. 욕심은 불행을 가져 옵니다. 탐욕은 나를 무너뜨립니다. 욕심과 탐욕은 덕성의 문제입니다. 진정한 행복은 적성에 맞는 일을 하되, 욕심을 내려놓을 때 경험하는 것입니다. 가만히 그리고 정직하게 마음속을 살펴보시길 권합니다.

Q.

우리 아이는 적성에 맞는 진로를 찾은 것으로 보입니다.

그렇지만 그 일로 제대로 먹고살까 걱정입니다.

그냥 둘까요? 지금이라도 방향을 바꾸게 할까요?

A.

한마디로 성급한 걱정입니다. 적성 찾기는 타고난 적성을 찾고 이를 존중하는 일입니다. 그리고 적성은 1가지가 아니고 여러 가지입니다. 진로 선택은 그다음 단계입니다. 즉, 아이가 무엇으로 먹고살 것인가 하는 문제는 진로를 선택할 때의 문제입니다. 여러 가지 적성을 융합한 뒤 나오는 여러 가지 선택지를 두고 형편에 맞는 것을 고르면 되는 것입니다. 그런데 벌써부터 선택의 시기가 되었다고 생각하시는 것 같습니다. 지금 진로를 결정하고 거기에 맞춰 살아가야 한다고 생각하시는 것은 아닐까요? 진로는 그렇게 서두를 문제가 아닙니다.

진로 선택과 관련한 중요한 시기를 꼽자면 고등학교를 결정할 때, 대학과 전공을 결정할 때가 있을 것입니다. 대학을 졸업한 후에는 취업을 할 때가 될 것입니다. 진로는 그때 여러 적성을 융합해 만들어진 여러 선택지를 두고 결정하면 됩니다.

예외적으로 진로를 일찍 결정할 수 있는 경우가 있습니다. 여러 적성의 융합 결과가 너무도 뚜렷한 경우입니다. 이런 경우에는 차분히 준비를 하면서 그 능력을 계속 계발하면 됩니다. 하지만 대부분의 아이들은 지나치게 서두를 필요가 없습니다.

마지막으로 꼭 기억해야 할 것이 있습니다. 진로를 돈벌이나 안정성 또는 사회적 시선이나 유명세와 연결시켜서는 안 된다는 것입니다. '돈벌이를 못해 제대로 먹고살지 못하면 어쩌나?', '사람들이 알아줄까?' 하는 걱정은 할 필요가 없습니다. 지금의 세상이 앞으로도 같을 거라는 보장이 있습니까? 세상일은 아무도 모릅니다.

한때 연예인을 '딴따라'라 비하했던 때도 있었습니다. 그러나 요즘은 어떤가요? 오늘날 한류의 주인공으로 전 세계를 주름잡기도 합니다. 모든 국민의 사랑을 받는 김연아 선수가 피겨스케이팅을 시작할 때 걱정이 없었을까요? 지소연 선수가 여자 축구에 도전했을 때 두려움이 없었을까요? 그들은 세상의 목소리를 무시하고 자신의 적성만을 믿고 길을 갔습니다. 이들 말고도 세상에는 이름 석 자 알려지지 않았고, 큰 돈을 벌려고도 하지 않았지만 소리 없이 소중하고 훌륭한 삶을 살다 떠난 무수히 많은 이들이 있었습니다. 그들은 '나의 삶'을 살았습니다. 부모라면 아이에게 나의 삶을 사는 방법을 가르쳐주어야 합니다.

사람은 누구나 아무도 가지 않은 길, 나만의 길을 가도록 되어 있습니다. 그런데 왜 남을 흉내 내는 삶을 살려고 합니까? 아이들이 각자의 적성을 마음껏 발휘하면 융합의 결과로 나타난 여러 진로를 몇 번씩 바꿔가며 자신만의 삶을 책임감 있게 헤쳐 나갈 것입니다.

아이의 한때의 특별한 적성, 즉, 특기에도 속지 마십시오. 특기를 발휘해야 할 때에 마음껏 발휘하도록 하되, 그 외에도 또 다른 적성이 많이 있다는 사실을 놓쳐서는 안 됩니다. 성장하면서 융합의 결과에 따라 여러 가지 다양한 모습을 보여줄 것이라는 점을 기대하시기 바랍니다.

4

적성 찾기
: 특기는 없어도
적성은 다 있다

∞

적성 찾기는 자기탐색이요, 자기발견이다. "너 자신을 알라."는 나는 무엇을 하고 싶은지, 무엇을 잘하는지를 깨달아 결국 적성을 찾게 하려는 말이다. '위기지학' 또한 본래 나의 모습, 나의 적성을 찾아 이를 계발하는 공부를 하라는 뜻이다. 내 안에 길이 있다. 내 안에 나만의 길이 있다. 나는 나고, 너는 너다.

적성검사에서
왜 진짜 적성을 찾지 못할까?

∞

아이가 적성을 찾도록 도울 때 주의할 것이 하나 있다. **적성 찾기는 흔히 말하는 '적성검사'와 다르다는 점이다.** 적성검사는 질문자가 이런저런 것들을 묻고 그 질문에 답하게 한다. 그렇기에 그 답변은 그저 남이 중요하다고 여겨 질문한 것에 대해 나의 판단을 답한 것뿐이다. 나의 머릿속에서 캐낸 아이디어에 대해 스스로 답변한 것이 아니다.

적성 찾기에서 진짜 주목하는 것은 다른 사람이 관심을 갖는 행위나 행동이 아니다. 스스로 가치가 있다고 생각해 찾아내는 행위와 행동이다. **적성 찾기는 백지상태에서 '지금 이 순간' 가치가 있다고 생각되는 적성을 찾는 것이다.** '지금 이 순간' 내 머릿속에서 의미 있게 자리 잡고 있는 적성이 무엇인가를 드러내는 것이다.

4장

　이런 검사를 통해 내가 모르던 다른 사람들의 다양한 아이디어들을 알게 되는 계기가 될 수 있다. 그러나 적성 찾기는 그것 보다는 내 머릿속에서 살아 숨 쉬는, 그리고 의미 있다고 새겨진 자신만의 가치를 캐내고자 하는데 의미가 있다. 그것이 바로 자기탐색이고 자기발견의 과정이기 때문이다.

　검사를 했어도 그 결과가 도무지 무슨 소리인지 모르겠다는 이야기를 많이 듣는다. 한국고용정보원이 제공하는 '청소년 직업흥미검사'를 예로 들어 보자. 이 검사는 일반흥미유형과 기초흥미유형으로 나뉜다. 일반흥미유형이란 미국 심리학자 홀랜드 박사의 직업성격유형 이론에 근거해 개인의 흥미를 현실형·탐구형·예술형·사회형·진취형·관습형의 6가지로 구분하고 각각의 특성을 제시한 것이다. 그리고 기초흥미유형은 일과 관련된 여러 분야 중 특정 분야에 대한 흥미가 어느 정도인지 측정하는 것이다.

　검사를 해보면 그 결과가 이해하기 힘든 경우가 많다. 예컨대 '현실형'으로 결과가 나왔다고 하자. 이 유형의 대표 직업을 보면 항공기 조종사와 군인 그리고 농부도 있고 운동선수도 있다. 그렇다면 현실형의 사람은 이렇게 폭넓은 직업군 중에서 어느 것을 선택해야 할까? 직업군이 이렇게 넓으니 어느 것을 골라야 할지 도무지 감이 잡히지 않는 것이다.

중요한 것은, 이런 검사의 해석에 유의해야 한다는 점이다. 단순한 유형화에 빠지지 말고 그 다양한 특성들을 융합해 자신의 적성을 발휘할 최적의 분야를 찾을 수 없다는 사실이다. 이 점을 꼭 기억해야 한다.

여기 한 학생의 검사 결과를 보자. 이 학생에게 '최상'으로 나온 분야는 '음악'이고 '상'으로 나온 분야는 '관리·경영'이다. 그리고 '중상'으로 나온 분야는 '미술·문학·교육·사회서비스'이고, 나머지는 '하'나 '최하'이다. 여기서도 마찬가지이다. 유형화의 범위가 너무 넓어서 구체적으로 무엇을, 어떻게 하라는 것인지 시사해주는 바를 찾기 힘들다. 흥미 수준이 낮은 분야는 그 의미를 전혀 알 수 없다. 이 결과를 두고 이 사람의 유망 직업은 '음악가'라고 판단할지 모르겠다. 그렇지만 이는 매우 성급한 판단이다. '상'의 수준을 보인 '관리·경영'은 어떤 의미일까? '중상'의 수준을 보인 여러 분야들은 무시되어도 좋다는 것일까?

이처럼 적성검사는 잘 읽어야 도움이 된다. 이 모든 것들을 잘 융합해야 한다는 명제를 가지고 있어야 한다. '최상'의 적성도 소중하지만 '중'으로 나타난 적성도 잘 활용할 수 있는 여지가 얼마든지 있음을 놓쳐서는 안 된다.

4장

적성은 하나가 아니다

∞

간혹 적성이 한 가지라고 오해하는 경우를 본다. 아이들에게 적성이 무엇이냐고 물으면 없다거나 잘 모르겠다고 대답할 때가 그렇다. 이는 평소에 적성에 대해 생각을 많이 하지 않았거나, 적성이 특출난 1가지, 즉 '특기'라고 생각해 답을 제대로 못 하는 경우다.

적성은 1가지인가? 아니다. 여러 가지다. 적성 찾기는 내가 가진 다양한 적성들을 모두 찾는 것이다. **그리고 적성은 특기가 아니다.** 적성은 여러 소질을 가리키는 데 비해, 특기는 여러 가지 적성 중 특출난 1가지 또는 일부만을 가리킨다.

한 아이가 글쓰기를 하고 싶어 하고 또 제법 잘 쓴다고 하자. 그렇다면 이 아이는 작가의 길을 갈 것이라 생각하면 끝일까? 아니다. 이 아이에게는 또 다른 적성들이 분명히 있다. 글쓰기의 적성은 다른 적성들과의 융합을 통해 훨씬 다양한 선택지가 만들어지게 된다.

이 아이가 가진 다른 적성을 살펴보니 세상일에 관심을 갖고 익히는 적성과 사람들과 소통하는 적성도 있다면 언론 분야의 길을 선택할 수도 있을 것이다. 그중에서도 신문 또는 방송, 그 외의 또다른 미디어의 선택도 적성의 융합을 통해 결정할 수 있다. 앞에서 말한 적성들은 또 다른 적성과 융합해 언론 밖에서도 빛을 발할 수 있다. 정부나 기업의 홍보담당자가 될 수도 있고, 정당 같은 정치집단의 홍보담당자가 될 수도 있다.

글쓰기 적성에 또 다른 적성이 융합된다면 또 다른 길이 나올 수 있다. 만약 책에 관심이 많고 경영에 적성이 있다면 출판업으로 방향을 잡을 수도 있겠다. 그 속에서도 편집자가 될 수도, 기획자가 될 수도 있고 경영을 전담할 수도 있다. 그런가 하면 아예 문학잡지를 창간할 수도 있다. 또 문예비평지에서도 일할 수도 있다.

또한 축구를 무척 잘하는 20대 축구 스타가 있다고 하자. 그는 분명 축구를 특기로 가졌다. 그러나 그의 적성은 축구 1가지뿐인가? 아니다. 그 외에도 여러 가지 적성이 있다. 만일 그의 적성이 축구 1가지뿐이라면 나이가 더 들어 현역에서 은퇴할 시기가 되었을 때는 무엇을 하며 남은 생을 살아야 할까? 반드시 축구 이외에 또 다른 적성이 있다. 그것도 1가지가 아닌 여러 가지 말이다. 축구 외에 지도

자로서의 적성이 있다면 팀 감독을 할 수 있을 것이다. 해설의 적성이 있다면 축구 해설가가 될 수 있다. 아니면 사업가 적성을 활용해 축구와 관련한 여러 사업을 벌이는 인물이 될 수도 있다.

　이처럼 적성 찾기는 특기를 찾는 것이 아니다. 특기뿐만 아니라 그 외의 다른 모든 적성을 찾아야 한다. 20대 선수처럼 한때의 특기를 찾을 수도 있지만, 그 이외의 다양한 적성도 모두 찾아내는 것이 적성 찾기다.

적성 찾기 3단계

첫 번째 단계 : 하고 싶은 일 찾기

적성 찾기 첫 번째 단계는 자신이 '하고 싶은 일'이 과연 무엇인지를 진지하게 탐색하는 일이다.

사람들은 평소 이것저것 하고 싶다고 느끼거나 호기심을 느끼는 일이 많다. 하지만 이를 늘 심각하게 생각하거나 의미 있게 관찰하지는 않는다. 일시적 흥미나 호기심 정도로 흘려보내는 것이다. 그러나 그럴 일이 결코 아니다. 한 순간의 호기심이 이 세상을 바꾸거나 적어도 내 인생을 홀라당 바꾸는 사태가 발생할지는 아무도 모른다.

아이의 적성 찾기를 돕기 위해 먼저 아이에게 자신이 '하고 싶은 일'이 무엇인지를 생각해 보도록 하자. 금세 답을 하는 아이도 있을 것이고, 한참의 시간이 지나 답하는 아이도 있을 것이다. 곧 답했던 아이에게는 그 외에 다른 하고 싶은 일은 없는지 더 생각할 기회를 주자.

캠프를 할 때는 학생들에게 자신이 정말 하고 싶은 일이 무엇인지를 골똘히 생각해 보는 시간을 갖게 한 다음 활동지를 나누어 주고 이를 하나하나 기록하게 했다. 난생 처음 해 보는 일이므로 이런 일이 그리 중요한가 하고 의아해 하는 학생도 있다. 바로 오른쪽 페이지에 수록한, 캠프에서 한 아이가 작성했던 목록을 보면 그 목록도 많지 않고 실제 체험했던 것도 1가지뿐인 것을 볼 수 있다. 이럴 경우에는 좀 더 생각하도록 기회를 주고 보충할 수 있도록 한다.

세상에 태어나서 내가 나 자신의 하고 싶어 하는 일이 무엇인지를 단 한 번이라도 골똘하게 생각해 본 적이 있을까? '나는 도대체 어떤 인간인가'를 발견하기 위해서 '나는 지금 도대체 무엇을 하고 싶어 하는 인간인가'를 탐색해 보는 것이 매우 중요한 부분이다.

하고 싶은 일을 적은 각각의 목록 옆에 자신이 그 일을 실제로 체험해 본 경우에는 ○ 표시를 한 뒤 그 느낌을 적고, 반면에 실제로 체험해 보지 않은 경우에는 × 표시를 한 뒤 체험할 계획을 적게 한다.

이렇게 하는 이유는 자신이 하고 싶은 것을 나열한 다음 그 중에

적성 찾기 : 특기는 없어도 적성은 다 있다

나의 하고 싶은 일		
하고 싶은 일	직접 체험해본 경우 ○표시하고 느낌 쓰기	직접 체험해보지 않은 경우 ×표시하고 계획 세우기
빵 만들기		× 주말에 엄마랑 함께
하루 종일 영화 보기	○ 영화를 너무 좋아해서 행복했다	
판매 관련 일해보기		× 대학에 들어가서 알바로
홀로 여행하기		× 대학 졸업 후 취업 전에

4장

서 과연 실제로 체험해 본 것이 무엇인지를 분명하게 해 그 범위 안에서 자신의 적성을 발견하게 하기 위한 것이다. 그리고 아직 체험해 보지 않은 것은 장차 반드시 체험해 봄으로써 자신의 또 다른 적성들을 찾기 위해 기회를 적극적으로 찾자는 뜻을 전달하기 위함이다.

두 번째 단계 : 잘하는 일 찾기

적성 찾기 두 번째 단계는 자신이 '잘하는 일'이 과연 무엇인지를 집중적으로 탐색하는 일이다.

잘하는 일이란 자신의 타고난 재능, 즉 탤런트를 찾는 것이다. 그런데 잘하는 일인지 아닌지는 스스로 몸과 마음으로 부딪쳐 직접 체험해 보지 않으면 알 수 없다. 막연히 머릿속으로 잘하는 일이라고 생각하는 것만으로는 도움이 되지 않는다. 오히려 혼돈이 생겨 자기 발견에 방해가 될 뿐이다. 그래서 반드시 직접 체험해 본 일 중에서 잘하는 일을 찾아내도록 해야 한다.

캠프를 할 때 아이들에게 체험한 일 중에 자신이 잘하는 일이 무엇인지를 골똘히 생각해 보는 시간을 갖게 했다. 그러고 나서 하나하나 기록하게 한다. 앞에서 '하고 싶은 일'을 작성했던 아이가 쓴 '잘하

적성 찾기 : 특기는 없어도 적성은 다 있다

나의 잘하는 일		
잘하는 일	계속 하고 싶은 경우 ○표시하고 느낌과 계획 쓰기	계속 하고 싶지 않은 경우 ×표시하고 이유 쓰기
자주 만난 사람의 취향 기억하기	○ 나의 장점이라고 생각되고 관련 진로를 정하고 싶다	
설득하기	○ 희망 진로가 문과 분야라서 필요할 것 같다. 독서 또는 토론대회 참석 계획	
이야기 상상하기		× 소설가나 작가를 꿈꾸고 있지 않기 때문에
다양한 영화 보기	○ 취미가 있으면 스트레스 해소에 좋을 것 같다	

는 일' 목록을 141페이지에 실었다. 이것을 보면 4가지만 적은 것을 볼 수 있다. 이렇게 난생 처음 해 보는 일이어서 난감해 하는 아이들도 많다. 거의 적지 못하는 아이도 있었다. 그리고 나서 그 각각의 목록 옆에 계속 해 보고 싶은 경우에는 O 표시를 한 뒤 그 느낌과 계획을 적고, 반면에 계속 해보고 싶지 않은 경우에는 × 표시를 한 뒤 그 이유를 적게 한다.

이렇게 하는 이유는 자신이 잘하는 것을 나열한 다음 그 중에서 자신이 계속 해 보고 싶은 것이 무엇인지를 분명하게 하고 그 범위 안에서 자신의 적성을 발견하게 하기 위한 것이다. 그리고 더 이상 해보고 싶지 않은 것은 적어도 이 시점에서는 이를 배제하기 위한 것이다.

세상에 태어나 나 자신이 잘하는 일이 무엇인지 단 한 번이라도 골똘하게 생각해 본 적이 있는가? '나는 도대체 어떤 인간인가'를 발견하기 위해서는 역시 '나는 지금 무엇을 잘하는 인간인가'도 탐색해 보지 않으면 안 된다.

세 번째 단계 : 하고 싶은 일과 잘하는 일의 공통부분 찾기

적성 찾기 세 번째 단계는 '하고 싶은 일'과 '잘하는 일'의 공통부분을 찾는 것이다. 물론 '하고 싶은 일' 중에서 아직 체험해 보지 않은 부분은 제외해야 한다. 또한 '잘하는 일' 중에서 앞으로 계속 해 보고 싶지 않은 부분 역시 제외해야 한다. 적성 찾기는 '하고 싶은 일' 중에서 체험해 보니 계속 하고 싶은 마음이 생기는 일과 '잘하는 일' 중에서 앞으로도 계속 해 보고 싶은 일의 공통부분을 찾는 것이기 때문이다.

대부분 여기에서 착오가 발견되곤 했다. 이론적으로 생각하면 '하고 싶은 일' 중 이미 체험해 본 결과 '잘하는 일'로 드러났다면, '잘하는 일'을 작성할 때는 그 체험 결과가 그대로 반영되어 목록에 적히게 될 것이다. 그리고 그 중에서 앞으로는 계속 하고 싶지 않은 부분만을 제외하면 바로 적성 찾기가 끝난다고 할 수 있다. 그런데 이 일이 모두 머릿속에서만 이루어지는 과정이므로 그것이 마치 수학 공식처럼 꼭꼭 들어맞지는 않는다. '하고 싶은 일'과 '잘하는 일' 중 공통된 부분을 찾다 보면, 앞에서 미처 생각하지 못했던 부분이 생각나고 앞에서 빠트렸던 부분이 드러나곤 한다. 그러면 보충할 기회를 갖는다. '하고 싶은 일'에서 수정하고 싶은 것과 '잘하는 일'에서 수정하고 싶은 것들이 발견되면 그것들을 보충하는 시간을 갖는 것이다. 이를 보충해 공통부분을 추가로 찾아낸다.

'하고 싶은 일'과 '잘하는 일' 그리고 그 공통부분을 찾는 일은 어디까지나 '지금, 여기', 이 순간의 작업이다. 이 작업은 오늘 해 보는 것과 내일 해 보는 것이 같을 수 없다. '하고 싶은 일'은 계속 새롭게 등장할 것이고, 또 체험을 통해서 '잘하는 일' 또한 계속 등장할 것이기 때문이다.

앞으로 '하고 싶은 일'이 계속 나타나면 그 중 아직 체험해 보지 못한 일을 실제로 해 보면 '잘하는 일'이 계속 발견될 가능성이 많아진다. 이것이 바로 우리네 삶의 참 모습이다. 평생 '하고 싶은 일'을 계속 추구하고 거기에 또 계속 체험을 한다면 '잘하는 일'의 목록은 계속 추가될 것이다.

'좋아하는 일'과 '하고 싶은 일'은 이렇게 다르다

적성 찾기와 관련해 계속해서 '하고 싶은 일', '잘하는 일'을 강조했다. 그렇다면 흔히 적성이나 진로에 대해 말할 때 사람들은 '좋아하는 일'이라는 표현을 사용하곤 하는데 어떻게 다른 것일까? 이것은 그동안 적성 찾기에 대한 강연과 캠프를 진행하며 가장 많이 접했던 질문 중 하나이기도 했다.

'좋아한다'는 것은 어떤 사물이나 사람, 행위 등에 대해 보통 이상의 좋은 느낌을 갖는 것이다. 영어의 'like' 또는 'love'로 표현할 수 있겠다. '좋아한다'는 것과 '하고 싶다'는 것은 모두 인간의 내면적 심리를 나타낸다. 하지만 좋아한다는 것이 단순히 좋은 느낌을 보여주는 것이라면 하고 싶다는 것은 한 발 더 나아가 실행으로 옮기겠다는 의지와 욕구를 포함하는 것이다.

좋아한다고 해서 반드시 하고 싶어 할까? 아니다. 실제로는 하고 싶지 않은 경우가 있다. 반대로 하고 싶은 일이라고 해서 반드시 좋아할까? 물론 좋아하는 경우가 대부분이겠지만 좋아하는 정도에 있어서는 차이가 있을 수 있다. '잘하는 것'과의 관계도 마찬가지다.

사실 좋아해도 잘하는 것이 아닐 수도 있다. 오히려 마음은 저 멀리 가 있지만 잘하지 못해 속상한 경험들이 있었을 것이다. 반대로 잘한다고 다 좋아하는 일들일까? 이것도 일치하지 않는 경우가 있다. 능력에 대한 객관적인 평가와 본인의 내면적 감정은 다르기 때문이다. 좋아한다고 해도 반드시 실행에 옮기는 것이 아니기도 하고, 좋아하지 않더라도 다른 사람에 비해 썩 잘하는 탓으로 보람을 느끼는 경우도 있다.

4장

　좋아한다는 감정은 상황에 따라 새롭게 생기기도 하고, 사라지기도 한다. 심지어 연인이나 부부의 감정도 일정 기간이 지나면 사라진다는 연구 결과도 있었다. '열 길 물속은 알아도 사람 속은 모른다'고 하는 것처럼 어떻게 변할지 자신도 알 수 없는 것이 감정 아닌가. 적성은 삶에서 최상의 행복을 누리기 위한 핵심이다. 언제 바뀔지 모르는 것에 의지할 일이 아닌 것이다. 행동으로 옮길 수 있는 힘이 필요하다.

　다시 강조하지만, 적성을 찾는 데 중요한 것은 감정 상태인 '좋아하는 것'이 아니라, 의지를 갖고 행동할 수 있는 '하고 싶은 것'과 '잘하는 것'이라는 점을 꼭 기억하자.

숨은 장점을 찾아내는 법

∞

캠프를 하다 보면, 자신의 '하고 싶은 일'과 '잘하는 일'을 적을 때 다소 엉뚱한 것들을 적어내는 경우가 있다. 특히 '하고 싶은 일'을 적을 때 그런 현상들이 많이 나타난다. 이때 그냥 넘어가면 안 된다. 그 의미를 짚어 주고 수정 또는 보충을 하게 해야 한다.

먼저 주목할 아이들은 '하고 싶은 일'이 별로 없다는 아이들이다. 그런 생각에는 각자의 사정이 있다. 우선, 그동안에 특별히 생각을 해 보지 않은 경우다. 이런 아이들이야말로 자신에 대해 진지하게, 집중적으로 탐색하는 시간을 갖는 것이 필요하다. 그중에는 도무지 생각조차 싫어하는 무기력에 빠져 있는 경우도 있다. 그들의 중심을 잘 파악하는 것도 큰 소득이다. 심리 치유의 길을 찾아주어야 한다. 또 다른 아이들은 순수하게 하고 싶은 것을 찾은 것이 아니라, 딴생

4장

각을 많이 한 경우다. '무엇을 하면 부모가 알아줄까?', '무엇이 남친이나 여친을 즐겁게 할까?' 등등의 생각들이다. 그것들을 뿌리치고 나 자신의 타고난 적성을 찾는 데 집중하도록 지도해 주어야 한다.

그런가 하면 많은 학생들이 '하고 싶은 일'을 적을 때 '노는 것'이라고 쓴다. 실제로 많은 학생들이 놀고 싶어 한다. 그러나 단순히 논다는 것은, 무엇인가를 적극적으로 한다는 의미가 아니라, 무엇인가를 하지 않는다는 의미가 강하다. 적성 찾기는 단순히 지금 당장 무엇을 하고 싶으냐가 아니라 자신의 장점을 발견해서 자기실현을 위해 무엇을 하고 싶으냐를 묻는 것이다. 따라서 '노는 것'만으로는 그 적성을 발견하는 계기가 된다고 보기 힘들다. 이때 수정이나 보충을 요청해야 한다. 예컨대, "놀고 싶은 것은 이해돼. 그러면 놀지 않을 때 하고 싶은 것은 무엇인데?" 하고 묻는 것이다. 또 다른 방법은 "그래, 노는 것 좋지. 그렇게 놀 때 무엇을 하면서 놀고 싶은데? 놀 때도 무엇을 하며 노는지를 살펴보면 적성을 발견하는데 큰 도움이 될 것 같은데?" 하고 스스로 발견하도록 유도해야 한다.

또 '하고 싶은 일'에 '잠자는 것'이라고 쓰는 학생들이 적지 않다. 잔다는 것은 아무런 행위를 하지 않고 누워서 휴식을 취하는 것이다. 거기에서 적성을 발견할 수 있는 것은 아니다. 따라서 잠이 아닌 다른 일에서 적성을 발견하도록 해야 한다. 잠을 자지 않을 때는 무엇을 하고 싶은지 찾게 돕는 것이다. 잠을 원한다는 것은 정작 자야 할 시간에 다른 것을 많이 했다는 것을 의미한다. 그렇기에 잠을 미루게 한 것이 무엇인지, 잠보다 더 좋았던 것이 무엇인지 탐색하게 하는 것도 도움이 될 것이다.

요즘 부모들이 가장 걱정하는 것 중에 하나가 '게임'이 아닐까 싶다. 아이들이 적은 '하고 싶은 일'에서도 이 게임은 많이 등장했다. 하지만 무차별적으로 나쁜 측면만 부각해서는 안 된다. 구체적으로 세밀하게 따져 매우 신중하게 분석해야 한다. 우선, '단순히 하고 싶다'는 수준으로, 하고 싶기는 하나 특별히 잘하는 것은 아닌 경우가 있다. 이 경우는 적성과는 관련이 없고 단순한 호기심의 충족에 불과할 것으로 볼 여지가 많다. 이럴 때는 아이와 다투면서 굳이 막지 말고 해 보도록 놔두면 머지않아 스스로 손을 들고 포기하기 마련이다. 다음으로는 '하고 싶기도 하고 잘하기도 한다'는 경우가 있다. 이 경우는 적성에 해당하는지 잘 살펴야 한다. 만약 최고 수준이라면 프로 게이머의 길로 들어설 수도 있고 다른 적성과 융합해 게임 개발자나 관련 직종을 선택할 수도 있기 때문이다. 마지막으로는 너무 하고 싶고 많은 시간을 할애하지만 특별히 잘하는 것은 아닌 경우다. 이때는 적성과는 관련이 없다고 보는 것이 옳다. 오히려 과도한 몰입이나 중독에 해당할 수 있으니 잘 살펴볼 일이다.

4장

    때로는 '나쁜 짓 하는 것을 좋아하고, 잘한다'고 쓰는 아이들도 있었다. 친구들에게 시비 걸고 괴롭히고 욕을 한다거나, 힘이 세고 싸움을 잘해 위압감을 주기도 하고, 이성 친구를 놀리고 장난 치고 때리는 것을 잘한다고 쓰기도 한다. 하지만 이런 것들을 적성이라고 하지는 않는다. 적성은 나의 장점을 발견하고 자기실현을 통해 좋은 삶을 개척하는 데 도움이 되는 것을 말하기 때문이다. 앞에서 말한 예는 아이 내면에 자리 잡은 상처를 치유하고 극복해서 고쳐야 할 습관이라고 보아야 할 것이다.

    이런 행동 중에서도 불법적이고 부도덕한 측면을 제외하면 적성이라고 할 수 있는 요인을 발견할 수 있다는 사실도 주목해야 한다. 예를 들어, 체력이 뛰어나거나, 말재간이 좋을 수 있고, 리더쉽을 발견할 수도 있고, 친화력이 그 바탕에 있을 수도 있기 때문이다. **적성 찾기를 위해서는 자신의 병적 문제점은 제외하고 장점에 해당하는 것들을 발견하려고 노력하면 된다.**

오직 나만의 독특한 능력

∞

일란성 쌍둥이도 어머니는 우는 소리만 들어도 두 아이를 구분할 수 있다고 한다. 이렇게 다르게 태어난 인간도 살아가면서 계속 변한다. 큰 골격은 차이가 없다 하더라도 꾸준히 변하면서 생로병사의 과정을 거친다. 거기에는 자유의지가 개입된다. 자신의 장점을 잘 계발하고 활용한 사람이 있는가 하면, 장점 계발은커녕 단점만을 휘두르다가 고통 받는 이들도 있다.

적성의 문제도 그렇다. 장점에 해당하는 적성을 잘 계발하고 발휘한 사람이 있는 반면, 적성은 내팽개치고 엉뚱한 탐욕과 허영에 빠져 스스로의 삶을 고달프게 하는 이들도 있다.

누구나 나만의 장점, 나만의 독특한 가능성이 있다. 그와 관련해서는 무한한 가능성을 타고났다고 할 수 있다. 이런 타고난 적성이 우리가 세상에 태어난 이유인지도 모른다. 타고난 이 적성은 바로 나에게 주어진 숙제인 셈이다. 이를 찾아 최대한 발휘해야 한다. 이것이 타고난 적성에 기초한 자기실현을 하는 것이다. 이를 통해 비로소 나 자신이 된다. 어쩌면 이런 자기실현이 하늘의 뜻이고, 유전자를 물려준 부모님께 효도하는 길인지도 모른다. 그럼에도 우리 삶은 그렇지 못하다. 우리 스스로 나의 삶을 살려 하지 않는 경우가 너무 많은 것이다.

우리는 유명인의 이야기를 들으면 그와 같이 되고 싶어 한다. 영화를 보고 감동을 받으면 그런 인물이 되었으면 한다. 누군가의 좋은 점을 본받고 배우려는 자세는 좋다. 그러나 중요한 것은 내가 아닌, 다른 사람이 되어서는 안 된다는 것이다. 대신 그는 자신의 적성을 어떻게 찾았는지, 그 적성을 어떻게 발휘했는지, 어려움은 어떻게 극복했는지에 주목해야 한다.

《성경》의 마태복음 25장 15절에는 "각각 그 재능대로 한 사람에게는 금 다섯 달란트를, 한 사람에게는 두 달란트를, 한 사람에게는 한 달란트를 주고 떠났더니"라는 예수의 비유가 기록되어 있다. 그런데 그 '다섯 달란트'와 '두 달란트'를 받은 사람은 후에 2배로 늘려서 주인에게 가지고 온다. 하지만 '한 달란트'를 받았던 사람은 땅 속에 보관했다가 그대로 가져온다. 이에 29절에서 "무릇 있는 자는 받

적성에 대한 예수의 가르침

각각 그 재능대로 달란트를 주고 떠났더니…

나에게 주어진 달란트를 발휘하라.
→ 나의 타고난 적성을 활용하고 가꿔야 한다.

아 풍족하게 되고, 없는 자는 그 있는 것까지 빼앗기리라"라고 가르친다. 우리가 타고난 적성을 묵혀두지 말고 잘 활용하고 가꾸라는 뜻으로 풀이하고자 한다.

불교에서는 사람의 타고난 적성도 전생의 업業으로 나타나는 것으로 '사람마다 근기根機가 모두 다르다'고 가르친다. 석가모니는 태어나자마자 '천상천하 유아독존天上天下 唯我獨尊'이라고 외쳤다고 한다. 여기에서 말한 '나'는 석가모니 개인이 아니라 모든 개체를 가리키는 것으로, 인간 본성의 자기실현을 하라는 뜻으로 해석한다. 그의 마지막 설법에서는 "자기에게 의지하라. 법에 의지하라. 자기를 등불로 살아라. 법을 등불로 삼아라."고 가르쳤다. 인간은 자신의 본질을 실천하는 것이 참된 자기구현이라는 뜻으로 풀이한다. 우리가 실

천할 자기실현의 가장 중요한 부분은 타고난 적성이다. **나 자신이 아니라 남이 되어서는 안 된다.** 나만의 독특한 삶이 아니라 누군가를 닮아서는 안 된다. 부모나 세상 사람들이 원하는 모습이 아니라 자기 자신이 되어야 한다.

오직 나만의 길

∞

적성 찾기란 나의 타고난 적성이 무엇인지를 알고, 그것을 어떻게 활용할지를 찾자는 것이다. **그것은 크게 보면 나 자신을 알자는 것이다. 나를 깨닫자는 것, 나를 자각하자는 것, 나를 찾자는 것, 나를 만나자는 것이다.** 그리하여 나를 사랑하고, 나에게 충실하고, 나의 길을 가자는 것이다. 자기탐색, 자기발견을 하고 자성自性을 자각自覺하자는 것이다.

그리스 델포이에 있는 아폴론 신전에는 우리가 잘 아는 '너 자신을 알라'라는 문구가 새겨져 있다고 한다. 소크라테스가 한 말로 알려져 있지만 소크라테스는 '너 자신을 알라'는 말을 '너 자신의 무지를 알라'는 뜻으로 해석했다. 그는 '상기想起'라는 표현을 썼다. 인간이 영혼이었던 시절에 알았던 모든 것을 상기시키는 것, 즉 진리를 깨닫는 것을 강조했던 것이다. 나 자신의 무지를 아는 데서 출발해 자신의 본질과 참다운 진리를 향해야 한다는 것이었다.

　공자는 공부의 기쁨을 강조했다. "배우고 그것을 때로 익히면 기쁘지 않겠는가."라고 했다. 그런데 그 공부에 대해 "옛날의 학자들은 자신을 위한 학문을 하였는데, 지금의 학자들은 남을 위한 학문을 한다古之學者 爲己, 今之學者 爲人."고 지적했다. 여기서 '위기지학爲己之學'이란 '자신을 위한 학문을 하여 끝내는 남을 이루어주는 데 이르는 공부, 본래의 자기를 찾는, 혹은 잃어버린 자기의 본마음을 찾는, 자신의 참다운 삶의 길을 찾는 공부'를 말한다. 이를 '성학聖學'이라고도 한다. 이에 비해 '위인지학爲人之學'이란 '타인을 위한 학문을 하여 오히려 자신을 상실하는 데 이르는 공부, 또는 타인에게 보여지거나 남의 인정을 받기 위한 공부'를 가리킨다.

　소크라테스의 "너 자신을 알라."는 나는 무엇을 하고 싶은지, 무엇을 잘하는지 깨달아 타고난 적성을 찾으라는 메시지를 포함한다고 본다. 공자의 '위기지학' 또한 본래 나의 모습을 탐구해 타고난 적성을 찾아 계발하는 공부를 하라는 뜻을 포함한다고 본다.

　우리는 그 동안 적성 찾기에 얼마나 시간을 투자했을까? 부모나 교사들은 자녀나 학생들의 적성 찾기에 얼마나 노력했을까? **대한민국은 하루빨리 적성 찾기 교육, 적성 생활 교육으로 대변혁을 시작해**

적성에 대한 소크라테스의 가르침

너 자신을 알라.

자신의 적성이 무엇인지 알라.
→ 무엇을 하고 싶은지, 무엇을 잘하는지 깨달아야 한다.

야 한다. **적성 교육은 적성을 찾아 주는 것이 아니다. 스스로 적성 찾는 방법을 가르쳐주는 것이다.** 배우는 입장에서도 누군가가 적성을 찾아 주기를 기대하는 것이 아니라 스스로 적성 찾는 방법을 배우는 것이다. **적성 찾기는 스스로 하는 것이다. 적성 찾기는 자기 주도적 활동이다.** 산파가 직접 출산을 하는 것이 아니라 임산부로 하여금 출산을 잘하도록 유도를 해주는 산파술을 발휘하는 것과 같다. 직접 물고기를 잡아 주지 않고 물고기 잡는 방법을 가르쳐 준다는 유태인의 교육 방식과 같다. 적성 찾기 교육은 부모나 교사가 자녀나 학생에게 적성을 직접 찾아 주려고 하는 것이 아니다. 대신 적성 찾기의 중요성을 인식시키고, 수시로 자문자답하는 습관을 들이도록 지도하는 것이다. 우리 아이들은 스스로 자신에게 적성 찾기를 위해 자문하고

4장

적성에 대한 공자의 가르침

위기지학爲己之學.

본래의 나를 찾는 공부를 하라.
→ 나의 타고난 적성을 찾고, 계발하는 공부를 하라.

자답하는 습관을 들이도록 연습해야 한다.

질문을 바꾸자. 아이들에게 "넌 꿈이 뭐니?", "넌 공부 잘하니?" 하고 함부로 묻지 말자. 특히 어린아이들은 배움이 적고 정보가 부족해 아는 것이 별로 없다. 그런 그들에게 무슨 꿈을 꾸냐고 질문했다면 이제는 바꿔 보자. "넌 하고 싶은 게 뭐니?", "네가 잘하는 건 뭐니?"라고. 이는 스스로 타고난 적성을 찾게 하기 위해서다.

내겐 나만의 길이 있다. 사사건건 남과 비교할 필요가 없다. 남의 시선을 신경 쓰면서 남의 시각에 휩쓸릴 필요가 없다. **내 안에서 길을 찾자. 내 안에 길이 있다. 내 안에 나만의 길이 있다. 나는 나고, 너는 너다.** 우리 아이들이 "나는 다른 거야, 틀린 게 아니야. 나는 나야."라고 자신 있게 세상에 외칠 수 있도록 해야 한다.

"하고 싶은 건 많은데, 잘하는 건 없어요."

Q&A

Q.

우리 아이는 특별히 하고 싶은 것이 없다고 합니다.
그저 놀고 자고 싶을 뿐이라고 해요. 그래도 적성이 있나요?

A.

아이가 '지금' 하고 싶다는 것을 존중해 주어야 합니다. 입장을 바꾸어 생각해 봅시다. 지금 하기 싫은 것을 억지로 시키면 아이는 얼마나 힘들겠습니까? 어른들도 하기 싫은 일을 억지로 하면 얼마나 의욕이 떨어집니까? 아이들도 똑같습니다.

그렇지만 그런 아이를 보면 부모들의 마음은 뒤집힙니다. "지금 조금만 참고 견디면 될 일인데, 힘들고 어려운 일도 아닌데…." 하며 이해를 못 합니다. 이는 부모의 이해력 부족일 뿐입니다. 아이의 잘못이 아닙니다. 부모가 참고 견뎌야 할 문제입니다.

놀 때에도 무엇을 하는지 주의 깊게 관찰하십시오. 거기에도 적성이 나타나고 있습니다. 그냥 노는 것이 아니라 자신도 모르게 적성을 발휘해 놓고 있을 것입니다. 그야말로 놀이 교육입니다. 그러면서 자연스럽게 자신이 하고 싶고 잘하는 것이 무엇인지를 찾아 가도록 안내해 주십시오.

그러면 아이는 계속 그렇게 아무것도 하지 않을까요? 아닙니다. 일단 실컷 놀고, 자고 나면 더는 그런 말을 하지 않을 겁니다. 놀고 자는 데 지치기 마련입니다. 그때까지 기다려 주는 부모가 현명한 부모입니다. 그렇게 실컷 하도록 기회를 준 다음, 무엇을 하고 싶다고 하는지 주목하십시오. 반드시 그 무엇인가를 하고 싶어 할 것입니다. 그때 적성이 제대로 드러나기 시작합니다.

간혹 성인이 되어 삶을 책임져야 할 때가 되어서도 딱히 하고 싶은 일은 없다고 하는 경우가 있습니다. 이는 생각이 너무 많아서 나타나는 현상입니다. 의욕을 잃은 경우도 있겠지만, 그런 것이 아닌 한, 지금 하고 싶은 일 자체에 집중하지 않고 딴생각을 많이 할 때 나타나는 현상입니다. '이 일을 하면 돈이 많이 생길까?', '남들이 알아주나?', '결혼할 때 보탬이 되나?'처럼 말입니다. 이런 부수적인 결과들을 제쳐놓고 지금 하고 싶은 일이 무엇인지 찾아야 합니다. 없지 않습니다. 반드시 찾을 수 있습니다. 무엇보다 나를 찾으려는 노력이 우선임을 기억해야 합니다.

Q.
하고 싶은 일은 많은데 정작 잘하는 것은 없는 것 같아요.
그러면 아무 소용이 없는 것 아닌가요?

A.

아닙니다. 대부분의 사람들은 특별히 잘하는 것이 없습니다. '특별히 잘한다'는 것은 한때 두드러지게 어떤 적성이 나타나는 것을 말합니다. 보통의 사람들은 여러 적성들을 '조금씩 조금씩' 잘하곤 합니다. 세상을 움직이는 이들은 이런 보통 사람들입니다.

대통령 같은 사람은 특별한 적성이 있는 것으로 생각할 수 있습니다. 그러나 그것도 한때입니다. 마라톤 선수가 체력이 최고조에 오른 젊은 시절 한때 특기를 보이는 것과 같습니다. 그런 특기가 눈길을 끄는 것은 사실이지만 그렇다고 해서 반드시 행복하거나 성공했다고 평가할 수는 없습니다.

이름 없는 대부분의 사람들, 그들 한 사람 한 사람이 행복할 때 우리는 세상이 행복하다고 말할 수 있게 됩니다. 반짝하는 특기가 있다면 그 적성도 계발해야 하지만 누구나 그런 특기가 있으면 좋겠다고 상상하지 마십시오. 특기는 여러 적성 중의 하나일 뿐, 적성 찾기는 나의 '조금씩 조금씩' 잘하는, 그것들을 모두 찾아내는 것입니다. 그리고 그다음 과제로 그 여러 적성을 융합하기 위해 노력해야 합니다.

5

진로 찾기
: 다양한 융합이
밝은 미래를 연다

∞

아무리 세상이 예측할 수 없이 변한다고 해도 걱정하지 않아도 된다. 이미 내 안에 다양한 가능성이 존재하고 있기 때문이다. 반짝이는 수십 가지의 적성이 나의 앞길을 환히 비춘다고 생각해 보자. 설레고 기대되는, 하루라도 빨리 만나고 싶은 그런 삶이 되지 않을까?

내 발걸음이 길이 되는 시대

∞

　내 삶의 주인은 누구일까? 답은 당연히 '나'다. 그렇다면 내 삶의 기준은 무엇이 될까? 이 또한 '나'다. 절대로 남이 될 수 없다. 그런데 우리의 모습을 보면 나는 어디로 사라지고 보이지 않는다. 나는 없고 남들의 시선만 있다. 사사건건 남들과의 비교 속에서 살고 있는 것이 현실이다. 이런 현실은 적성 찾기를 방해한다. 세상이 중요하다고 말하는 돈, 권력, 지위, 인기 같은 것들이 가장 큰 문제다. 이것들은 나 자신이 아니라 '소유물'일 뿐이다. 그런데도 사람들은 나와 소유물을 동일시해 사람들을 비교한다. 각자의 소유물은 필요한 만큼 쓰임새가 있으면 그것으로 족하다.

　세상이 많이 바뀌었다고는 하지만 아직도 학벌로 비교하고 차별하는 사례가 많다. 좋은 학벌만 가지면 좋은 직장에 들어갈 수 있고 그것이 곧 성공이라 생각하는 것 같다. 이것은 사람들의 다양한 적성을 무시한 획일적 출세주의가 만들어낸 허황된 현상이다. 학벌은 일시적 현상일 뿐 평생을 보장하지 않는다. 학연, 지연, 혈연도 마찬가지이다. 지금까지 대한민국은 이런 연결고리가 부패의 원인이 되었고, 지역 패권도 여기에서 시작되었다. 지금은 4차 산업혁명 시대다. 이제 더는 학벌이 장래를 보장하지 않는다. 이제부터라도 실력으로 세상을 바꿔야 한다. **실력을 갖추려면 적성을 찾는 것이 시작이다. 그 적성으로 '나만의 전문성, 특별한 기술'을 갖춘 전문가가 되어야 한다.** '만인 전문가 시대'를 열어야 한다.

직업에 대한 차별의식 또한 너무 심하다. 농부와 대통령을 생각해 보자. 농부는 농사의 대통령이고, 대통령은 국민들의 머슴이다. 여기에 잘났고 못났고는 없다. 단 하나, 적성의 차이가 있을 뿐이다. 서열은 물론이고 차별도 있을 수 없다.

'사농공상'이란 말은 옛 왕조시대에 신분을 구분하기 위해 만든 말이다. 그러나 이제는 아니다. 사농공상은 직업 '차별'을 위해서가 아니라 적성과 직업의 '차이'를 설명하기 위한 말로 이해해야 한다. 언제까지 왕조시대의 사고방식을 가지고 오늘을 살 것인가?

IQ도 그렇다. 이것으로 사람을 판단할 수 없다. 어디까지나 적성의 차이일 뿐이다. IQ가 높은 사람은 그 적성에 맞는 일을 하고, IQ

가 낮은 사람은 그 적성에 맞는 일을 하면 된다.

사장과 공장장을 살펴보자. 사장은 높은 사람이어서 잘난 사람이고, 공장장은 그 밑엣 사람이어서 사장보다 모자란 사람일까? 이것저것 회사 전체를 챙기고 대외관계도 원만하면서 말도 잘하는, 소위 '경영 능력'이 뛰어난 사람이 앉는 자리가 사장이다. 대신 공장장은 각종 기술과 전문적 시스템에 통달한 사람만이 할 수 있는 자리다. 말하자면 사장은 관리 역량, 공장장은 기술 역량을 필수적으로 고려해 선발해야 한다는 뜻이다. 어디까지나 적성의 차이일 뿐이다. 벼슬의 높이만으로 비교할 일이 아닌 것이다. 요즘은 공장장 영입에 사장보다 더 공을 들이고 더 높은 연봉을 제시하면서 '모셔오는' 경우도 많다. 벼슬 보다 중요한 것은 바로 적성이다.

사람들은 다들 '출세'를 입에 달고 사는 것 같다. 매사에 출세할 수 있는지를 생각하면서 모든 일을 하고 있다. 출세할 것을 생각하면 자연스레 욕심이 생길 수밖에 없다. 그 욕심은 더 큰 욕심을 부르고 채워지지 않으면 자학하게 되고 결국 사고를 치게 된다. 쉽지 않지만 욕심을 내려놓고 적성을 먼저 바라봐야 한다. 내 적성을 마음껏 발휘하면 생각하지 못했던 진짜 출세할 수 있는 길이 열릴 것이다.

누구나 전문가가 될 수 있다. 이럴 때 가장 적절한 말이 '적재적소適材適所'다. '가장 적절한 인재를 가장 적절한 장소에 배치한다'는 뜻이다. 각유소장各有所長이라는 말도 있다. 각기소장各其所長이라고도 한다. 누구나 자신의 장점이나 장기가 있다는 뜻이다.

모든 사람들은 적성을 찾아 나만의 길을 찾아야 한다. 남들이 만들어 놓은 길, 이미 닦여진 길을 뒤따라가는 것이 아니라 아무도 가지 않은 길, 나만의 독자적인 길을 만들어 나가야 한다. 내 발걸음이 곧 길이 되도록 해야 한다.

독창적인 융합 레시피를 만들자

∞

 우리 아이가 '하고 싶은 일'과 '잘하는 일'을 찾았고, 이를 통해 드디어 적성까지 알았다면 그다음에 할 일은 무엇일까? 바로 '진로' 찾기다.
 최근 들어 우리 아이들이 그들에게 맞는 진로를 스스로 발견할 수 있도록 하기 위해 무척 노력하고 있다. 교육 과정에 각종 체험 프로그램이 도입되었고 전담교사도 늘어났다. 현실에서 그 효과가 어떻게 나타나고 있는지는 아직 의문이지만 그런 노력은 일단 긍정적인 평가를 받을 만한 일이다.
 하지만 진로 찾기가 다양한 직업을 소개받고 방문이나 견학 같은 일회성 경험을 통해 얻어질 수 있을까 하면 쉽게 그렇다고 답하기 어렵다. 그런 기회를 통해 무엇을 어떻게 발견하고 어떻게 활용할 것인

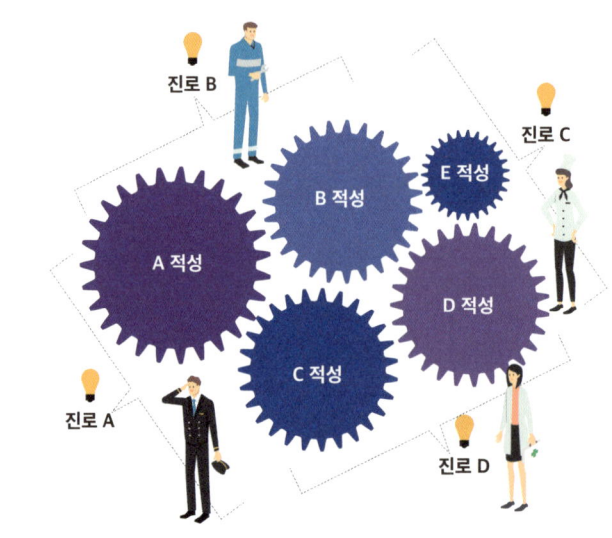

적성 융합으로 찾게 되는 나만의 진로

가가 교육되지 않았기 때문이다. **우리 부모들에게 제안하는 것은 '적성을 융합하기'다. 우리 아이에게서 발견된 다양한 적성들을 융합해 진로를 모색해야 한다는 것이다.**

적성 찾기는 진로 찾기와 완전히 단계가 다르다. 적성 찾기는 본래 나에게 있는 것들을 찾아내는 것이다. 타고난 적성은 여러 가지고 그것들을 체험을 통해 찾아내는 것이 적성 찾기다. 진로는 그다음 단계의 과제다.

적성 찾기가 '자기발견'의 과정이라면, 진로 찾기는 '자기선택'의

과정이다. 내 앞에 놓인 다양한 선택지 중에서 어느 것을 선택할 것인가 하는 과정이다. 그러면 그 선택지는 어떻게 만들어질까? 다름 아닌 나에게서 발견된 여러 적성들을 다양한 방법으로 융합해서 만들어 내는 것이다. 적성이 다양하듯 진로의 선택지들 또한 1~2가지가 아니다. 진로 찾기는 그 가운데서 현재의 여러 사정을 고려해 가장 적절한 것을 선택하는 것이다. 그 선택도 1가지로 한정되지 않는다. 지금과 같은 시대에 '투 잡'은 이미 흔해졌고 그 이상도 얼마든지 가능하다. 또한 시차를 두고 순차적으로 선택할 수도 있게 된다.

이처럼 적성 찾기는 자신의 다양한 적성이 융합되기 전의 소재 단계에서 자신의 적성을 탐색하고 발견하는 과정이다. 그리고 이후의 진로 찾기는 자신의 다양한 적성을 융합하고 선택하는 과정이다.

인생은 생방송이다. 시간은 사람을 기다리지 않고 흘러간다. 그리고 다시는 돌아오지 않는다. 그렇기에 소중한 매 순간을 놓아버리지 않아야 한다.

나는 EBS TV에서 매주 생방송으로 〈교육대토론〉을 3년간 진행했다. 그럼에도 실수를 줄이기 위해 매번 2번씩 리허설을 하고 생방송에 들어갔다. 우리 삶도 태어난 직후부터 매순간 생방송으로 흘러가고 있다. 하지만 방송과 달리 리허설은 없다.

적성 찾기와 진로 찾기는 내일로 미룰 일이 아니다. 오늘의 기회를 놓친다면 너무 아깝지 않은가? 지금 바로 시작해 매 순간 찾아야 할 삶의 과제다.

다만, 우리 아이들은 성인이 되기 전까지는 준비할 수 있도록 사회적으로 배려를 받고 있다. 어린이, 청소년 시기에 적성을 찾도록 돕고 그 적성을 융합할 독창적인 레시피를 준비한다면 성인이 되어 사회에서 본격적인 생방송을 할 때 더 멋진 모습이 되지 않을까?

진로 찾기 3단계

첫 번째 단계 : 각 적성의 수준 점검하기

적성 찾기에서 지금 시점의 여러 적성을 발견했다면, 진로 찾기에 들어서서 처음 해야 할 일은 각 적성의 수준을 점검하는 일이다. 앞서 누구든지 '하고 싶은 일'과 '잘하는 일'이 있다고 했다. 그런데 여러 가지 적성에는 '아주 잘하는 것'이 있는가 하면, '웬만한 수준은 된다'고 생각되는 것도 있다. 이렇게 적성에 맞는 일이라 할지라도 그 수준은 모두 다를 수 있다.

축구 적성의 최고 수준을 100으로 봤을 때, A의 수준은 90에 이르고 B는 50에 불과하다고 하자. 이 경우 두 사람에게는 어떤 차이가 있을까? A는 선수로 활약할 가능성이 더 높은데 비해, B의 경우는 해설가 등 축구와 관련된 다른 일을 할 가능성이 높다. 수준이 낮다고 나쁜 것이 아니다. 세상에는 낮은 수준의 적성들로 해야 하고 할 수 있는 일들이 얼마든지 있다. 중요한 것은 낮은 수준의 적성을 가진 그들도 그 적성을 마음껏 발휘할 때 가장 만족감이 크다는 사실이다.

그렇다면 그 수준의 평가는 누가 어떻게 할 수 있을까? 어렵지 않다. 나 스스로 심사하는 사람이 되고 동시에 심사를 받는 사람이 되면 된다. '나는 몇 점 정도 될까?' 하고 스스로의 수준을 추측하는 것이다. 그것으로 족하다. 반드시 대회에 나가 실력을 겨루는 것처럼 등수를 매겨야 하는 일이 아니다. 적성의 수준은 앞으로 진로를 찾는데 이 적성이 어느 정도 기여할 것인지 나름대로 평가하자는 것이기 때문이다. 객관적으로 정확히 평가할 방법도 없고 또 그럴 필요도 없다.

두 번째 단계 : 계속 계발할 수 있는 환경인지 확인하기

나의 여러 적성이 지금 이 순간 마음껏 계발할 수 있는 환경인지를 확인하는 일이 두 번째 단계다. 내가 발견한 여러 적성이 지금 모두 잘한다 하더라도 모두 활용할 수 있다는 보장은 없기 때문이다.

악기 연주에 적성이 있다 하더라도 불의의 사고로 어쩔 수 없이 손을 자유롭게 사용할 수 없다면 적어도 지금 이 순간의 선택에서는 보류할 수밖에 없다. 절대 포기가 아니다. 보류일 뿐이다. 건강을 회복한다면 그 적성은 얼마든지 다시 꺼낼 수 있다. 이처럼 건강 외에도 재정적인 이유도 있을 수 있고 지역이나 나이 또는 인간관계 등 다양한 상황이 있을 수 있다. 때로는 매우 고차원적인 전략적 이유도 있을 수 있다.

세 번째 단계 : 적성을 융합하기

진로 찾기의 마지막 단계는 각 적성을 융합하는 일이다. 적성을 발견했고 그 적성의 수준과 계발을 위한 환경도 확인했다면 이제는 적성들을 다양하게 융합해 여러 선택지를 만들어내야 한다. 적성의 융합은 1~2가지 적성을 융합할 수도 있고 3가지나 4가지, 아니 수십 가지를 융합할 수도 있다. 이때 기억할 것은 하나의 적성이 단 1번만 활용되는 것도 아니라는 사실이다. 아무런 제한 없이 몇 번이고 계속해서 활용할 수 있다.

바로 오른쪽 페이지에는 적성 융합의 실제 사례를 실었다. 자신 가지고 있는 다양한 적성을 잘 찾아냈고, 여러 적성을 다양하게 융합한 것을 볼 수 있다. 이런 방식으로 제한하지 않고 새로운 방법을 찾도록 돕는 것이 중요하다. 이렇게 된다면 융합의 결과로 만나게 되는 선택지가 몇 가지가 될지 예상할 수 없다. 경우의 수가 다양해질수록 그만큼 선택의 폭이 넓어진다. 진로 찾기의 다양성을 엿볼 수 있는 부분이다.

그런가 하면 여러 적성의 수준이 모두 같다 해도 융합하는 방식 또한 모두 다르다는 사실도 주목해야 한다. 축구를 잘하는 3명의 적성의 수준이 모두 70이라 할 경우 이들 모두 똑같이 선수로 활동하게 될까? 그렇지 않다. A는 축구단 홍보 담당자가 되고, B는 코치가, C는 어린이 축구교실을 운영할 수도 있다. 자신이 가진 적성을 어떻게 융합하느냐에 따라 수많은 가지치기가 가능해진다.

진로 선택의 현실적인 조언

여러 적성을 다양하게 융합해 등장하는 여러 선택지에서는 어떤 것으로 결정하든 나에게 맞는, 나만의 길이 된다. 그렇다면 어떤 것

진로 찾기 : 다양한 융합이 밝은 미래를 연다

발견한 나의 적성 융합하기

지금까지 발견한 나의 적성	각 적성의 수준 평가	계발 의지 확인	적성 융합하기	적성 융합의 결과 (직업, 취미, 봉사 등)
남의 입장에서 생각하기	80	○		심리상담사 (직업)
대인관계 센스	85	○		인사, 조직관리 관련 업무 (직업)
자기관리	60	○		외교관 (직업)
그림 그리기	50	X		외국어 강사 (봉사)
암기 능력	90	○		배낭여행 (취미)
외국어 습득	85	○		블로그 운영 (취미)
높은 집중력	75	○		
스토리텔링	70	X		
사람들과 어울리기	95	○		
다양한 분야 지식 수집	95	○		

을 선택하는 것이 좋을까? 아무래도 현실적인 여러 상황들과 조건도 고려하게 될 것이다.

적성을 융합해 보니 말을 타는 직업이 선택지 중 하나로 나왔다고 하자. 그런데 요즘 말과 관련한 직업에 어떤 것들이 있을까? 예전이야 운송 수단으로 널리 활용했다지만 지금은 대부분 취미로 즐기고 있고 직업도 극소수에 불과하다는 어려움이 있다.

자신의 나이도 선택할 때 중요한 변수가 된다. 대표적인 경우가 운동 분야다. 운동선수들은 신체의 능력을 최대로 끌어올려야 하기에 대부분 20대에 전성기를 맞이한다. 종목에 따라서는 그 이후에도 꾸준히 활동하기도 하나 대부분 젊은 나이에 현역에서 은퇴하곤 한다. 만약 그 시점을 지났다면 어떻게 해야 할까? 자신이 가진 또 다른 적성을 다시 융합해 보거나 선택할 수 있었던 다른 길 중에서 형편에 맞춰 고를 수 있겠다.

직업 중에는 소방관이나 외교관처럼 시험을 통과해야 하거나 일정 수준 이상의 자격 요건이 필요한 경우도 있다. 이럴 경우는 시험에 통과할 수 있는 학습에 대한 적성 등도 고려해야 할 것이다.

이처럼 적성을 융합하고 그 결과로 찾아낸 여러 갈래의 길 중에서 선택할 때는 열정과 함께 실력 또한 준비되어야 함을 기억하면 좋겠다.

대체 불가능,
유일무이한 융합형 인재

∞

사람은 누구 할 것 없이 모두 소중하다. 그리고 누구나 하나만이 아니라 다양한 일을 할 수 있는 융합형 존재로 태어난다. 그렇기에 자신의 모든 적성을 꼼꼼히 찾고 잘 융합하려고 노력해야 하는 것이다.

적성검사를 통해 나타난 '최상'의 분야만이 진짜 적성이라고 판단해서는 안 된다. '상'이나 '중상'에 해당하는 다른 분야와의 융합도 시도해야 한다. 경우에 따라서는 '하'에 해당하는 분야도 얼마든지 쓰임새가 있을 수 있다. 그래야 그것들을 모두 활용해 가장 만족할 수 있는 일이 무엇인지 찾을 수 있다.

음악에 적성이 있는 사람 중에는 연주에 탁월한 기량을 보이는 이가 있는가 하면, 연주도 잘하지만 교육이나 지휘에서도 기량을 뽐

내는 사람이 있다. 또 공연 기획이나 연출에 적성이 맞는 사람이 있는가 하면, 조직 관리나 경영에 적성이 맞는 사람도 있을 수 있다. 그러므로 다양한 적성을 잘 융합해 자신만의 길을 만들어내야 한다.

"테니스를 잘하는 것이 하나의 단위 적성인가요? 아니면 적성 융합의 결과인가요?"라는 질문을 받은 적이 있다. 날카로운 질문이었다. 하지만 모두 맞는 말이다. 적성 찾기와 융합에의 사고 과정이 중요한 것이지, 그에 따라 결과가 달라지는 것은 아니기 때문이다.

주변에서 만날 수 있는 대부분의 검사들은 '유형화'를 전제로 한다. 뇌 과학자는 뇌 발달에 따라 유형을 분류하고 어떤 이들은 혈액형이나 지문에 따라 분류한다. 역학자들은 태생, 한의학자들은 4상이나 8상으로 분류한다. 그러나 이 모두는 그 유형들의 범위 내에서만 의미가 있다는 사실을 기억하면 좋겠다. 그것들이 자신의 앞길을 꼭 집어서 인도해줄 것이라 믿어서는 안 된다. 공통점 외에 차이점도 존재한다. 그 차이점을 묵살하지 않고 잘 살려서 사회적으로 유형화된 존재가 아니라 나만의 독특한 융합형 인간상을 만들어 내야 한다.

적성 융합의 결과에 대해 유의할 점이 있다. 바로 덕성德性의 문제다. 예컨대, 어떤 사람에게 민첩하게 행동할 수 있는 적성이 있다고 하자. 그런 그에게 뛰어난 친화력과 화술, 기억력이라는 또다른 적성도 있다면 그는 이런 적성을 융합해 어떤 길을 가게 될까? 거부감 없이 호감 가는 모습과 빠른 손놀림이라… 가만히 생각하니 사기꾼이나 소매치기가 떠오른다. 생각을 정리하고 다시 생각해 보니 재미있게 보았던 액션영화에서 화려한 모습으로 등장한 특수요원도 떠오른다.

이런 경우는 어떨까? 이 사람은 기본적으로 힘이 좋아 체력적으로 뛰어난 적성을 가지고 있다. 특히 주먹이 무척이나 맵다. 여기에 단호하고 빠르게 판단하는 적성까지 있다면 이번에는 어떤 길을 가게 될까? 바르지 않은 길을 간다면 사람들에게 해를 입히는 폭력배가 될 것이고, 그 반대라면 치안을 담당하는 경찰이나 군인이 될 것 같다.

이처럼 적성의 융합 결과로 나쁜 행동이 나타날 수도 있다. 이기적이고 비윤리적인 욕심이 먼저 부각된다면 얼마든지 가능한 일이다.

적성 융합에서 최후에 중요한 점은 덕성이다. 설마 좋은 진로 선택이라는 과제를 앞에 두고 의도적으로 잘못된 선택을 할리는 없겠지만, 사회에 진출해서도 늘 경계해야 할 유혹이 된다.

5장

다시 쓰는 '나의 꿈'

∞

여러 가지 적성을 융합하면 직업만 발견하게 될까? 그렇지 않다. 직업이 아닌 취미나 봉사 또는 다른 다양한 활동도 발견하게 된다.

기술 관련 전문가인 어떤 이는 퇴근 후에 꼭 1시간씩 바이올린을 켜야 하루를 흡족하게 마무리할 수 있다고 말한다. 그리고 어떤 의사는 짬이 생길 때마다 취미로 무협소설을 읽어야 직성이 풀린다고도 한다. 어떤 적성은 봉사를 할 때 사용하기도 한다. 봉사도 나의 적성에 맞는 것을 할 때 훨씬 능률도 오르고 만족감도 높아지기 마련이다. 요즘 재능기부라고 표현하는 활동을 떠올리면 이해하기 쉬울 것이다.

적성을 융합한 여러 결과 중 어느 것을 선택할지, 그리고 그것을 직업으로 삼을 것인지, 취미나 봉사, 아니면 다른 활동에 쓸 것인지는 전적으로 나 자신이 하는 선택의 문제이다. 또 그것들 사이를 서로 오갈 수도 있다. 내 적성에만 맞다면 직업이 취미가 되고, 또 취미가 직업이 될 수도 있다. 직업과 취미는 마치 동전의 양면처럼 서로 다른 얼굴을 하면서 언제든지 오갈 수 있다.

한 사람은 회사에 잘 다니면서 취미로 테니스를 주기적으로 하곤 했다. 그러다 테니스공을 만드는 사업을 해보자는 제안을 받고 다니던 회사를 그만두고 새로운 사업을 시작했다. 그는 즐기던 테니스도 가까이 할 수 있고 사업도 제법 하는 사람이 되어 만족한다. 겉으로 보기에 잘만 다니던 회사를 과감하게 그만두는 사람 중에는 이런 이들이 많다. 자기 적성에 덜 맞는 일을 하다가 뒤늦게 적성에 딱 들어맞는 일을 찾은 것이다.

취미나 봉사뿐만 아니라 일상적으로 일어나는 일들에서도 적성이 발휘되고 있음을 생각해야 한다. 집안의 화초를 가꾸는 일을 잘하는 반면 설거지는 못할 수 있다. 영화는 그다지 끌리지 않는데 뮤지컬을 위해서라면 없는 시간도 만들 수 있다. 이 모두가 적성의 융합에 따른 나름의 선택이다.

아이들이 대화를 통해 꿈과 적성, 진로에 대해 더욱 깊이 이해하게 되었다면 '적성에 기반한 나의 꿈'을 정리해 보도록 하는 것이 좋다. 적성을 찾고 이것을 융합해 진로를 탐색하는 것까지 했는데 다시 꿈으로 돌아간다고 생각할 수 있다. 앞에서 '꿈다운 꿈', '쓸모 있는 꿈'에 대해 설명했던 것을 기억해 보자. 뜬구름 잡는 꿈이 아닌 구체적인 꿈을 꿀 때 삶을 움직이는 힘이 된다. 그렇기에 아이와 함께 발견한 적성을 바탕으로 꿈을 다시 생각하면 처음과는 다르게 구체적이고 분명한 목표와 목적을 가진 꿈이 나오게 될 것이다.

'적성에 기반한 나의 꿈'에는 '지금, 여기의 꿈', '가까운 미래의 꿈', '먼 미래의 꿈' 이렇게 3가지 항목으로 나누어 적게 한다. 적성을 찾고 난 뒤 작성한 것을 보면 깜짝 놀라게 될 것이다. 캠프에서 만났던 아이들도 놀랍게 다른 결과를 보여주었다.

재미있는 사실은 1달 후, 1년 후에 다시 적어 보면 또 다른 내용이 담기게 될 것이란 점이다. 아마 내일 다시 적어도 오늘과는 다른 점이 보일 수 있다.

아무리 세상이 예측할 수 없이 변한다고 해도 걱정하지 않아도 되는 이유가 이것이다. 이미 내 안에 다양한 가능성이 존재하고 있기 때문이다. 반짝이는 수십 가지의 적성이 나의 앞길을 환히 비춘다고 생각해 보자. 설레고 기대되는, 하루라도 빨리 만나고 싶은 그런 삶이 되지 않을까?

적성에 기반한 나의 꿈

구분	지금, 여기의 꿈	가까운 미래의 꿈	먼 미래의 꿈
1순위	2학기 예습 수학 성적 올리기 전 과목 1등급 도전!	수능 잘 보기 원하는 대학 합격	회사의 연구개발 책임자
2순위	독서	한국사 검정 시험 한국어 능력 시험	예쁜 연애하기 친구 셋이서 같이 살기
3순위	컴퓨터 관련 자격증 획득	방학 중 친구들과 해외여행	스스로 번 돈으로 쇼핑하기 효도하기

"적성을 융합해도 써먹지 못할 것 같아요."

Q&A

Q.
적성을 융합한다 해도 당장 써먹을 수 있을지 의문이에요. 특별히 써먹을 곳이 없어 보인다면 쓸모없는 일 아닌가요?

A.
적성을 융합한다는 것을 어마어마한 작업이라고 생각하고 있는 것은 아닐까 생각해 봅니다. 적성 융합하기는 사회에 진출해 어떤 직업을 가질까를 결정할 때만 필요한 것이 아닙니다. 분명 진로를 찾는 데 결정적 방법이지만, 거기에 국한된 것이 아닙니다. 지금 이 순간 모든 일거수일투족에 적용할 일입니다. 놀이공원에서 어떤 기구를 탈 것인지 결정하는 것도 해당합니다. 그 선택의 순간에 나도 모르게 '하고 싶은 것'인지, '잘하는 것'인지 생각하고 또 확인하는 과정이 진행된 것입니다.

적성 융합하기는 삶의 기본적 습관입니다. 나를 발견하고 나를 실현하는 기본자세입니다. 그 습관은 중요한 결정을 할 때 큰 역할을 할 것입니다.

Q.
저는 진로진학 상담교사입니다.
다양한 직업에 대한 교육과 답사 등을 진행하고 있습니다.
어떤 점을 보완하면 좋을까요?

A.

진로진학 상담교사제가 도입되면서 학교 현장이 변화되고 있는 점에 대해 높이 평가합니다. 하지만 아직까지는 선생님들도 인정하듯이 입시 위주의 분위기 때문에 크게 활성화되지 못하고 있는 점은 매우 아쉽습니다.

다양한 직업 탐구와 체험 등의 과정을 잘 활용하되, 적성 찾기와 융합하기의 과정을 프로그램 전에, 또는 그 후라도 진행해 습관화 하는 과정이 보완되면 좋겠다는 생각이 듭니다. 구체적으로 진로 찾기에 앞서 적성 찾기 3단계로 각자 타고난 적성이 무엇인지 찾는 연습을 합니다. 그리고, 그다음 단계로 진로 탐색을 위한 적성을 융합하는 과정을 실습하는 것입니다. 현장 체험 프로그램에서는 2가지의 3단계 과정을 적용할 시간을 충분히 주는 것이 좋겠습니다.

아이들의 미래를 위한 선생님들의 노고에 감사드리며, 그 노력으로 더 나은 교육 환경이 될 것을 기대합니다.

6

대학, 꼭 지금
갈 필요 없다

지금은 4차 산업혁명 시대다. 세상이 어떻게 변할지 아무도 모른다. 젊은 시절에 받은 규격화된 교육은 얼마 써먹지 못하는 세상이다. 20대에 딴 대학 간판이 더는 평생을 보장하지 않는다는 말이다. 이제는 나만의 적성에 기초한 평생 학습이 필수적인 세상이 되었다.

세계적인 셰프가 되고 싶다면?

∞

　여기 세계적인 셰프가 되려는 2명의 중학생이 있다고 하자. 이들의 미래에는 2가지 선택지가 있다. 하나는 대학의 요리 관련 학과에 진학하는 길이고, 다른 하나는 고등학교 졸업 후 바로 취업하는 길이다. 두 아이들의 진로를 비교해 보자.

　먼저 A는 일반계 고등학교를 졸업하고 대학에 요리학과로 진학했다. 막상 대학에 다니려고 하니 생각보다 많은 돈이 들었다. 등록금과 원룸 방세, 생활비 등을 모두 더해보니 어림잡아 1년에 약 2,000만 원 정도가 들어갈 것 같다. 대학 4년으로 계산하니 약 8,000만 원이다. 평범한 중산층 집안이었음에도 때가 되면 돈을 구하기가 쉽지 않았다. 어쩔 수 없이 집을 담보로 대출도 받았다. A도 보탬이 되고자 레스토랑 등에서 알바를 해야 했다.

6장

　B의 선택을 보자. B는 고등학교부터 요리 관련 특성화 고등학교를 선택했다. 그리고 고등학교 졸업 후 바로 동네에 있는 작은 레스토랑에 취직했다. 첫 월급으로 170만 원 정도를 받기 시작해 매년 조금씩 올랐다. 대학에 간 친구들은 등록금과 생활비를 마련하느라 얼굴이 늘 편치 않았다. 물론 B 또한 일을 배우고 익히는 과정이 쉽지 않았다. 그렇지만 B는 자신이 하고 싶은 일을 하며 돈도 모을 수 있었고 부모님도 덕분에 재정적인 부담을 덜 수 있었다.

　보다 중요한 차이는 이들이 4년 동안 무엇을 했느냐는 것이다. 요리에 관한 공부라 해도 영양과 역사 등 이론에 관한 공부였는지, 실제 업무에 활용할 수 있는 실무에 대한 공부였는지에 따라 차이가 크다. A는 대학교에서 요리에 관해 주로 이론을 공부했다. 반면 B는 현장 경험을 통해 실무 능력을 공부했다. 일 또한 공부다. 나아가 그들이 하루에 그 각각의 공부를 몇 시간씩 했는지에 따라 차이는 커진다. 대학에서는 이론 공부를 하루에 3~4시간씩 한다. 그러나 레스토랑에서는 하루에 꼬박 8시간씩 일을 하지 않으면 월급을 받을 수 없다. 공부의 강도 또한 B의 경우가 훨씬 높다.

　이 둘의 4년 후를 보자. A는 대학을 졸업했으니 취직을 생각할 것이다. 대학의 전공을 바탕으로 장차 교수나 요리 연구가가 되려 한다면 대학원에 진학해 석사를 마치고 박사 과정도 밟게 될 것이다. 이

세계적인 셰프를 꿈꿨던 두 아이의 비교		
	A	B
고등학교 진학	일반 고등학교	요리 특성화 고등학교
고교 졸업 후	대학 요리학과 진학	레스토랑 취직
재정 상황	등록금, 생활비 등 연간 -2,000만 원 (4년 -8,000만 원)	레스토랑 월급 연간 +2,000만 원 정도 (월 170만 원)
1일 집중 시간	3~4시간	8시간
집중 내용	이론 공부	실무 경험
4년 후	취업 또는 대학원 진학	승진, 대학 진학, 유학, 창업 등

학생의 적성이 연구라면 더할 나위 없이 좋은 선택이다. 그렇지만 이런 학생은 극히 소수다. 연구 적성을 가진 학생이 그렇게 많지 않기 때문이다. 그렇다면 그 외의 다른 졸업생들은 무엇을 하게 될까? 여기에서 취업난과 마주하게 되고, 이 학생들은 다시 깊은 고민에 빠질 수 밖에 없다.

반면에 B는 4년 후에도 여전히 직장인이다. 계속 일을 하고 있으니 취업에 대한 걱정은 없다. 경력도 벌써 4년차가 되면서 더 많은 연구와 체험을 해야겠다고 다짐하고 있다. 그동안의 실무를 통해 '어떤 요리를 하면 더 잘할 수 있을까?'를 생각해 볼 여유도 생겼다. 만

일 프랑스 요리를 해보고 싶다면 그때부터라도 프랑스어를 배워 유학을 갈 수도 있다. 또 다른 필요성을 느낀다면 나중에라도 대학에 들어가 자신도 원한다면 석사 학위를 거쳐 박사 학위까지도 취득하게 될 것이다.

이제 다시 맨 처음 선택의 기로에 섰던 그 순간으로 돌아가자. 과연 어느 길을 선택해야 할까? 답은 명확하다. **연구 적성이 맞는다면 돌아볼 것 없이 교수가 되기 위해 A의 선택처럼 대학에 가기 위한 준비를 하면 된다. 그렇지 않고 세계적인 셰프, 세계적인 요리 전문가가 적성에 맞는다면 B의 선택과 같이 고등학교부터 적성 계발을 위한 과정을 시작하면 된다.** 혹시라도 이것도, 저것도 아니라면 당장 길을 바꿔야 한다.

우리 젊은이들이 사회적 차별 없이 자유로운 선택을 할 수 있으려면 제도적인 대개혁이 필요하다. 같은 능력을 가진 고졸 직원과 대졸 직원을 학력을 이유로 차별해서는 안 된다. 그동안 우리 사회에서는 고등학교 졸업 후 직장에서 전문기술을 4년간 익힌 직원과 고등학교 졸업 후 대학에서 이론 공부를 4년간 익힌 직원을 차별해온 것이 공공연한 관행이었다. 기술을 우대하지는 못할망정 경시하는 풍토를 드러낸 것이다. 이는 잘못이다. 대변혁이 절실하다. 기술 우대의 강력한 정책 없이는 기술 강국이 될 수 없다. 고졸자 지원 정책을 강력히 추진해야 한다. 고졸자 차별 금지는 물론, 선 취업 후 대학 진학을 기업이나 정부가 전폭적으로 지원해야 한다. 근무 중 대학에 진학하더라도 해고 금지는 물론, 휴직을 허용하고 불이익을 받지 않도록 해야 한다.

아울러 재직 중에 대학에서 전문 지식을 배우면 직무능력의 향상을 우대해야 한다. 99%의 인력을 고용하고 있는 88%의 중소기업이 근무환경을 획기적으로 개선할 수 있도록 지원해야 한다. 중소기업의 강점은 살리고 대기업과 점점 벌어지는 근무환경과 대우의 격차를 획기적으로 좁혀야 한다. 고용 조건 위반을 강력히 제한해 안심하고 생산적 발전에 전념할 수 있도록 여러 조건들을 지원해야 한다. **이를 바탕으로 중소기업 강국, 히든 챔피언 강국으로 대전환을 해야만 한다.**

6장

"고졸로 어딜 취직해요?"

∞

　교육의 기본이 무엇일까? 교육의 기본은 저마다 타고난 소질과 적성을 계발하고 발휘하게 하는 것이다. 국어, 수학, 영어를 달달달 외우게 하는 것이 아니다. 대부분의 학생들에게 하고 있는 지식 위주, 암기 위주, 시험 위주, 성적 위주, 입시 위주의 교육은 적성 교육에 반하는 것이다. 우리 아이들의 소중한 적성은 무시되고 망가지고 있다.

　대한민국은 지금까지 아이들에게 꼭 필요한 교육이 아니라, 쓸모 없는 파괴적인 교육만을 일삼았다. 사람을 기계적으로 도구화하는 교육이다. 이것은 도대체 누구를 위한 것인가? 개인적 차원에서 보면 자신이 하고 싶은 일을 하지 못하고, 하기 싫은 일을 억지로 하게 되므로 불행감이 높아질 수밖에 없다. 이를 전 국가적으로는 본다면 어떻겠는가? 그 피해는 실로 상상할 수 없을 정도로 엄청날 수밖에 없다.

지금 대한민국 청년들의 대학 졸업 후 실업 상황은 정말 심각하다. 대학 진학률은 한때 80%를 넘어갔다가 지금은 70% 정도를 오르내리고 있다. 많이 좋아졌다 하지만 아직도 대부분의 고등학교 졸업생들은 대학에 가려고 한다. 재수, 삼수 그 이상을 해서라도 대학에 가야 취직을 할 수 있다는 생각 때문이다.

대학은 고등교육이 꼭 필요한 이들에게는 유용하다. 반면에 **공부가 적성에 맞지 않고 그가 선택한 공부가 자신이 추구하는 전문인이 되는 길과 동떨어진 것이라면 시간 낭비요, 돈 낭비일 뿐이다. 개인은 물론 국가적으로도 엄청난 손실이다.**

대학 졸업 후의 실업 문제만이 아니다. 이로 인해 결혼이 늦어지고, 출산도 늦어지면서 국가의 경제적, 사회적 위기까지 불러왔다.

대한민국의 교육을 누가 이렇게 만들었는가? 미안한 얘기지만, 한마디로 대한민국의 부모들이라고 지적해야겠다. 부모들의 등쌀에 교사들이 흔들렸고 교육계와 정부도 흔들렸다. 그 결과 지금과 같은, 그 누구도 막지 못하는 심각한 사태가 되었다고 보는 것이 옳다.

그러면 부모들은 왜 그랬을까? **다름 아닌 자신들의 가슴 속 상처**

때문이다. 그들은 온갖 학벌과 학연으로 인한 상처, 사회적 지위와 금전적 소유의 차별로 인한 상처 등으로 시달렸다. 왜곡된 사회로 인해 보이지 않는 상처들로 가슴 속이 멍들어 온 것이다. 그들이 받은 상처는 그대로 나타났다. 출세주의 성공관, 뿌리 깊은 직업 차별, 획일적인 줄 세우기, 대학만능주의 등으로 발산되었다. 부모들은 아이들에게 앞만 보고 달리라고 채근했고, 무조건 대학에 가야 꿈을 이룰 수 있다고 강요했다.

모두 대학 가는데 우리 아이만 안 간다고? 상상하기조차 싫은 일이다. "대학 안 나오면 사람 취급도 못 받는 것 아닌가요?", "먹고살려면 대학이라도 나와야 하는 것 아닌가요?", "엎어져 자더라도 인문계 가는 것이 낫지 않나요?" 하고 묻는다. "고졸로 어딜 취직해요?", "공장 아니면 단순한 일, 그것도 힘들면 막노동 같은 것 밖에 없지 않나요?" 하고 반문한다.

이러한 상황에서 우리 아이들은 적성에 대해 잠시라도 생각해 볼 여유가 없었다. 대학 입시나 안정적인 직업을 위해 적성은 포기할 대상이었고 주변의 충고를 맹목적으로 수용해야 했다. 그러는 사이 교육의 기본은 무너졌고 누구의 책임을 가릴 것도 없이 모두가 공범자인 교육 파괴범들이 되고 말았다.

대학 졸업장, 필요할 때 받자

∽

　대학이란 일반적으로 여러 학문을 연구하고 고등교육을 담당하는 기관으로 설명된다. 이를 엄밀히 따져 들어가면 역사적으로도 각 국가별로도 그 성격과 기능, 형태와 종류가 상당히 다르다. 특히 오늘날의 한국 사회에 비추어 대학이라는 존재를 어떻게 이해해야 할지에 대해서는 매우 심각하게 재검토해야 한다. 이유는 단순하다. 도대체 대학이라는 곳이 무엇을 하는 곳이기에 지금 대한민국 젊은이들은 거의 대부분이 무조건 대학을 가야 한다고 생각하고 있느냐는 것이다.

　과거 중세 봉건사회나 근대 산업사회에서는 국가 권력이 요구하는 규격화된 인간상을 온 국민에게 강요했다. 양반에게는 양반 교육

6장

을, 귀족에게는 귀족 교육을, 노동자에게는 노동자 교육을, 노예에게는 노예 교육을 강요했다. 그중에서 대학이 과거 중세를 거쳐 근대 사회에 이르는 동안 여러 학문 연구의 중심 역할을 한 것은 분명하다. 그 학문 연구의 측면에서는 현대 사회에서도 대학의 역할은 동일하다고 보는 것이 옳다. 그런데 그 이외의 기능과 관련하여 대학이 역사적으로 어떤 역할을 해 왔는지, 특히 각 국가의 지도자 양성이나 심지어 국가 관료의 양성을 책임지는 역할을 수행해 왔는지에 대해서는 각 국가나 지역에 따라 형편이 다르다.

더 나아가 고려해야 할 것은 현대 사회의 변화다. 과거에는 수직적 권위주의 체제에서 지배를 유지하기 위해 특별한 인재 양성과 기관이 필요했지만 이제는 아니다. 수직구조의 철폐, 다양성의 제고, 차별의 폐지, 소통의 민주화 등은 '인재' 개념의 혁신적인 변화를 가져왔다. 인재는 더 이상 과거의 규격화된 모습이 아니다. 현대의 인재는 무조건 지위가 높거나 돈을 많이 가진 사람이 아니다. **새로운 변화의 시대에 걸맞는 진정한 인재는 타고난 적성을 계발해 자신뿐 아니라 세상에 조금이라도 기여할 수 있는 인물이어야 한다.** 이런 인물은 대학에서만 배출하는 것이 아니다. 더 이상 대학은 독점적 인재 양성기구가 아니다.

지금은 4차 산업혁명 시대다. 세상이 어떻게 변할지 아무도 모른다. 젊은 시절에 받은 규격화된 교육은 얼마 써먹지 못하는 세상이다. 20대에 딴 대학 간판이 더는 평생을 보장하지 않는다는 말이다. 이제는 나만의 적성에 기초한 평생 학습이 필수적인 세상이 되었다.

세상은 엄청나게 변하고 있는데 대학들은 좀처럼 변할 조짐이 보이지 않는다. 저출산에 학령 인구 감소세가 뚜렷한 마당에 이 많은 대학이 몽땅 망하게 될지도 모른다.

이제는 변화에 맞춰 누구나 평생을 살면서 수시로 드나드는 대학으로 만들어야 한다. 그렇게 되면 졸업장도 아무 때나 받게 될 것이다. 지금부터라도 변화가 필요하다.

스스로 고민할
시간과 기회를 주자

　교육기본법 제3조는 "모든 국민은 평생에 걸쳐 학습하고, 능력과 적성에 따라 교육 받을 권리를 가진다."고 규정한다. 그런데도 도대체 왜 아무도 '적성에 따라 교육 받을 권리'를 지켜 주지 않을까? 우리 교육을 전면적으로 적성 찾기 교육으로 바꾸어야 한다고 오래 전부터 주장했다. 국가가 바뀌지 않는다면 우리 아이 교육부터 지금 당장 바꿔야 한다. 사람은 모두 다르고 타고난 적성도 모두 다르다. 그렇다면 지금 무엇을 망설이는가? 이제 더 이상 지체할 시간이 없다. 지금 당장 전면적으로 '적성 찾기 교육', '적성 생활 교육'에 나서야 한다.

　유태인들은 '물고기를 잡아주지 말고 물고기를 잡는 방법을 가르쳐주라'고 한다. 소크라테스의 산파술 교육은 마치 출산하듯 스스로 내면에서 자신의 것을 끄집어내도록 지혜를 상기시켜 나가는 교육을 가리킨다. 적성 찾기도 아이 스스로 흥미와 재능을 찾고, 목표를 세우고, 진로를 선택하도록 교육하는 것이다. 주입식으로, 강압적으로는 절대 성공할 수 없는 교육이다.

적성 찾기 교육이야말로 자신이 직접 나서서 스스로 체험하는 교육으로 설계하여야 한다. 자기 주도적 학습이 필수적이다. 남의 설명을 수백 번 듣는다 한들 직접 1번 해보는 것만 같지 않다. 나의 느낌, 나의 감정은 내가 가장 잘 안다. 아니, 오직 나만 알 수 있다.

듣기만으로 이뤄지는 강의는 24시간이 지난 뒤 정보의 5%밖에 남지 않지만, 자신이 직접 설명하는 방식으로 공부하며 배운 것은 90%가 남는다는 통계가 있다. 교육이란 학생들이 자기 주도적으로 직접 참여하는 방식이 되어야 한다는 주장을 뒷받침하는 자료다. 적성 찾기 교육이야말로 이 같은 방식으로 진행되어야 한다. 결국 스스로 해결할 과제다. 그것도 일평생 쉼 없이 계속할 과제다. 내 삶의 주인은 바로 나이지, 결코 남이 아니라는 사실을 실감하게 되는 부분이다.

무엇보다 아이들이 자신의 적성을 찾을 수 있는 여건을 만들어주어야 한다. 그러기 위해서는 먼저 시간이 필요하다. 주입식 수업이 이루어지는 정해진 시간이 아닌, 스스로 자신을 만끽할 수 있는 여유 있는 시간을 주어야 한다.

그리고 자유를 주어야 한다. 학생들이 마음껏 상상하고, 마음껏 체험하고, 마음껏 고민하고, 마음껏 탐색하도록 배려해야 한다. 누구나 자신이 정말 하고 싶고 잘할 수 있는 일을 찾으면 뛸 듯이 기쁘기 마련이다. 그것이 바로 행복이고 성공이다.

학생들이 자신의 적성을 찾고자 하는 활동에 전폭적인 투자를 해야 한다. 학교를 마치면 마음껏 뛰어 놀게 하자. 다양한 캠프나 체험 활동, 취미 등 하고 싶어 하는 일을 직접 선택해 해 보게 하자. 이제 고등학교에서도 대학처럼 적성에 맞는 과목을 선택해 수강한다고 하지 않는가. 가능하다면, 전국의 모든 고등학교를 다양한 분야에 특화된 고등학교로 바꿀 수 있다면 좋겠다. 이제는 우리 아이들이 일찌감치 자신의 적성을 찾도록 기회를 만들어 주자.

이제는 적성 찾기 교육으로
바꿔야 한다

적성 찾기 교육을 위해서는 학교 수업부터 바꿔야 한다. 무조건 모든 과목을 다 잘해 종합 1등을 만드는 것이 전부가 아니다. 1등은 1명밖에 없을 터인데, 교육이란 그 1명만을 위한 것이 아니기 때문이다.

학생은 크게 3가지 유형으로 구분할 수 있다. 첫 유형은 학과 공부를 잘하는 적성을 타고난 아이들이다. 이 아이들은 공부를 계속할 수 있는 쪽으로 자연스럽게 진로를 택할 가능성이 크다. 학자나 연구자가 될 것이다. 이런 연구자형 학생은 전체 1등을 목표로 공부를 해도 된다. 이런 아이들이 공부 성적에 있어서는 상위권을 형성하게 될 것이다.

두 번째 유형은 예술이나 체육과 같은 특기를 가진 아이들이다.

6장

이들은 학과목 공부가 아닌 자신만의 특별한 특기를 살리기 위해 노력할 것이다. 특히 젊은 시절에 크게 두각을 나타내기 시작하는 특성들이 있다. 이들은 학과목 공부가 아니라 자신의 특기를 살리는 공부에 집중하게 될 것이다.

마지막으로 학과목 공부나 특기공부에 특별히 적성이 드러나지 않는 학생들이다. 대부분의 학생, 즉 80~90%의 아이들이 여기에 속한다. 그렇다면 이 아이들은 바보들일까? 아니다. 오히려 앞으로 세상을 이끌어 갈 대부분은 여기에 속한다. 이들 중에 누가 슈바이쳐 같은 봉사자가 될지, 대통령 같은 정치인이 될지 혹은 재벌이나 종교인이 될런지 아무도 모른다. 인류 역사상 가장 위대한 인물들, 또한 소방관, 기술자, 경찰관, 셰프, 플로리스트 등등 수많은 평범한 인물들은 바로 여기에서 등장했다.

이 대부분의 학생들은 무엇을 어떻게 하면 될까? 그 누구보다도 자신의 타고난 여러 가지 적성을 찾아야 한다. 그리고 그 적성에 맞춰 공부를 해야 한다. 모든 공부를 잘하려 할 것이 아니라 자신의 적성에 맞는 학과나 분야의 공부를 열심히 하는 것이다. 수학이면 수학, 과학이면 과학, 도대체 내 적성에 맞는 과목이 무엇인지부터 찾자는 것이다. 이것이 가장 큰 과제다.

어른들은 설날 세뱃돈을 주면서 덕담이라고 "공부 잘해라."는 말을 습관처럼 한다. 설날뿐인가. 엘리베이터 안이나 슈퍼마켓에서 아이들을 만나면 관심을 보이며 말을 건다. "몇 학년이니?" 혹은 "어느 학교 다니니?" 그런데 그런 다음 꼭 덧붙이는 한마디. "공부는 잘하지?" 이런 질문을 받은 아이들의 마음은 어떠할까? 공부를 잘하는 소수는 그렇다 치자. 공부를 못하는 대부분의 아이들의 마음은 어떠할까? '학생은 무조건 공부를 잘해야 되는 건가?' 하고 스스로 생각하지 않을까. 공부를 잘해도 괴롭기는 마찬가지일 것이다. 성적이 언제 어떻게 떨어질지 알 수 없기 때문이다.

우리 아이들에 대한 질문을 바꾸자. "어떤 분야를 잘하니?", "어느 과목이 제일 재미있니?", "특별히 잘하는 과목이 있니?" 이렇게 말이다.

공부하지 말라는 것이 아니다. '무조건', '모든 공부'를 잘하려 말고 자신의 적성에 맞는 공부를 열심히 하라는 것이다. 그 많은 과목 중에서 자신은 어떤 과목을 더 잘하는지를 찾다 보면 이것을 계기로 자신의 적성을 발견하고 체험하는 데 도움을 받을 것이다.

6장

70%는 나중에 대학 가자

∞

우리 사회에서 이미 최고의 자리에 오른 젊은이들을 생각해 보자. 가수 중에서는 아이유, 배우로는 정우성, 운동선수로는 김연아나 박인비 등이 떠오른다. 이들의 공통점은 무엇일까? 여러 가지가 있겠지만 여기서 주목하려는 점은 대학에 가기 전에, 혹은 대학을 가지 않고도 스타가 되었다는 것이다. 그들의 활약은 대학과는 아무런 관련이 없었다. 대학에 가야 성공한다는 말과는 전혀 연결이 되지 않는다.

유명한 마이크로소프트의 빌 게이츠와 애플의 스티브 잡스, 그리고 페이스북의 마크 저커버그의 경우를 보자. 이들의 공통점은 무엇일까? 눈치를 챘겠지만 그들 모두 대학에 들어가긴 했지만 중간에 때려치우고 세계적인 성공을 거둔 이들이라는 점이다. 빌 게이츠나 저커버그는 다른 대학도 아닌, 최고로 불리는 하버드를 때려치운 인물들이다. 그 대학의 간판과 그들의 성공은 아무런 관련이 없다는 사실을 강조할 필요가 있다.

대학에 가면 성공하는 것이고, 대학에 못 가면 실패하는 것인가? 아니다. 결코 아니다. **대학 가는 것보다 100배 소중한 것은 내 안의 적성이다. 적성을 존중하고 소중히 여겨 내 안의 적성이 발휘되게 해야 한다.**

고등학교 졸업 후 대학에 가지 않고 곧바로 취직을 하면 공부를 하지 않고 그냥 일터로 내몰리는 것으로 생각하는 이들이 많다. 그냥 돈벌이나 하고 허송세월하는 것이 결코 아니다. 그 시간이 바로 직장 교육의 시간이고 자기훈련의 시간이다. 적성이라고 판단한 분야에서 월급을 받으며 몸과 마음으로 자기계발을 하는 것이다.

대학에 가야 할, 공부 적성의 아이는 얼마나 되고, 대학은 나중에 가도 될, 다른 적성의 아이는 얼마나 될까? 대충 보기에는 30%, 70% 정도가 될 것으로 생각한다. 거꾸로가 아니다. 바로 대학에 가야 할 아이가 30% 정도, 다른 적성의 아이가 70% 정도다.

현재 OECD 국가의 평균 대학 진학률은 40% 전후를 보인다. 대체로 유럽 쪽이 더 낮다. 네델란드는 10~20%, 스위스는 20~30%,

독일은 30~40% 정도로 알려져 있다. 이에 비해 영국이나 미국, 캐나다는 50~60% 수준을 보인다. 각국의 인구비나 성장 과정, 직업관 등을 종합적으로 고려해야 하기에 획일적으로 평가하는 것은 적절치 않다. 그러나 적어도 어느 나라가 적절한 운영을 하고 있는지에 대한 평가는 생각해 볼 만하다.

70% 아이들은 적성에 따라 '대학을 거부하고' 고등학교 졸업 후 곧바로 적성에 맞는 분야에 취업해 나중에 대학을 가는 '선 취업, 후 진학' 원칙을 만들어야 한다.

학생들 스스로 '나는 공부에 적성이 맞지 않는 것 같다'는 생각이 들면 과감하게 용기를 낼 수 있도록 도와주어야 한다. 독일에서 '마이스터meister'라고 불리는 장인들은 일찍부터 도제로 들어가 기술을 익힌 이들이다. 빵집, 안경점, 시계점, 정육점이나 주물, 용접, 목공 등을 배울 수 있는 작은 수공업자나 자영업자들을 찾아간다. 그들에게 중요한 것은 시험이나 간판이 아니다. 마이스터가 되면 사회의 공식적 행사에서도 박사들보다 상석에 앉는 예우를 받는다.

부산의 한 여자상업고등학교는 10년째 100% 고졸 취업 성공 신화를 창출했다고 한다. 이런 학교에 박수를 보내야 한다. 공무원 시험 제도도 뜯어고쳐야 한다. 9급 공무원 시험은 전면적으로 고졸 채용으로 제한해야 한다. 일본은 이미 고졸 2년 이내로 응시 자격을 제한했다.

70%의 학생들이 이런 선택을 하면 우선 취업은 걱정하지 않아도 된다. 그리고 예전처럼 일찍 시집가고, 장가가서 자녀도 많이 낳아 편안하고 행복한 노후를 맞이할 수 있다. 이것이 우리나라의 저출산 위기를 극복할 수 있는 최선의 길이기도 하다. 대학에 가지 말라는 것이 결코 아니다. 직장에서 일하면서 전문 분야에서 실력을 쌓고 나중에 필요성을 느낄 때 가라는 것이다. 30대에도 아니면 40대가 되어서도 혹은 그 이후라도 좋다.

앞으로의 대한민국은 70%가 '선 취업, 후 진학'으로 성공하고, 30%가 '선 진학, 후 취업'으로 성공하는 나라가 되어야 한다. 저마다 타고난 적성을 따라 학교와 직장의 순서를 교차시키자는 것이다. 그래서 누구나 자기 적성에 맞는 자기 기술을 갖춰 '만인 전문가 시대', '만인 행복 시대'를 열자는 것이다.

6장

그래도 대학에 곧바로 갈 아이들

∞

대학에 대해 세계 각국은 각기 다른 역사적, 문화적 시각을 가지고 있다. 우리나라는 어떠할까? 우리 대학의 짧은 역사 속에서 적지 않은 굴곡과 혼란을 경험했다고 하는 것이 적절할 것이다. 한국 대학은 지금까지 여러 혼선을 빚은 시대적 과제를 뒤로 하고 새로운 시대를 맞이하기 위한 준비를 해야 한다.

이 시점에서 현재 대한민국에서 대학에 가야 할 젊은이들은 과연 어떤 학생들이 되어야 할까? 한국 사회의 새로운 변화와 대학의 역할을 생각해 깊은 고민이 절실하다. 여기에서는 2가지 유형의 아이들이 있다고 본다.

첫 번째는 학문 연구에 적성이 맞는 학생이다. 대학은 예나 지금이나 학문 연구가 주된 곳이다. 그러므로 학문 연구에 적성이 맞는 아이가 대학에 진학하는 것은 매우 자연스러운 일이다. 4년의 학사 과정을 마치고 더 필요한 경우 석사, 박사 과정을 마쳐 전문 연구자가 되는 것이다. 대학의 교수나 연구원 등 연구에 전적으로 매달릴 수 있는 직업을 얻게 될 것이다.

두 번째는 고등학교까지 배운 지식이나 경험으로는 취직할 수 없어 더 많은 추가 지식을 공부해야만 일을 할 수 있는 분야에 적성이 맞는 학생이다. 적성을 따르면 의사나 약사가 맞는 경우는 고등학교에서 아무리 공부를 열심히 해도 그 일을 감당할 수 있을 정도의 지식을 습득할 수 없다. 그러니 의대나 약대에 진학해 공부를 더 해야 한다. 자연히 취직할 때까지는 오히려 등록금을 투자해야 한다.

고등학교 졸업 후 학문 연구에 적성이 맞거나 더 많은 공부에 적성이 맞는 학생은 대학에 간다. 그러나 아무리 탐색해도 '나는 아니다. 나는 학문 연구에 적성이 맞거나 더 많은 공부에 적성이 맞지 않다'고 생각되면 대학은 쳐다보지도 않는 것이 옳다. 공부에 적성이 맞지 않는데 4년간 대학을 다니는 것은 엄청난 낭비일 뿐 아니라 적성을 망가뜨리는 것이다.

내 적성에 맞는 분야에서 조금이라도 추가 지식이 필요하다면 전문 지식을 배우는 전문대학에도 진학할 수 있다. 직장 생활을 한참 하다가 특정 분야에서 좀 더 깊이 있는 공부를 하고 싶을 때 대학 문

6장

을 두드려 보는 것이다.

　무조건 공부를 많이 하는 데 의지하는 것이 아니라, 자신의 적성에 맞는 일을 찾아 일찍부터 실력을 기르고 자격증을 따고 자신이 하고 싶은 일을 찾아 마음껏 날개를 달면 얼마나 좋을까, 그리고 그들은 얼마나 행복할까 기대하는 것이다.

　고등학교까지 마쳤다면 결코 어리지 않은 나이다. 이미 사회에 진출해 얼마든지 월급을 받으며 일을 할 수 있는 나이다. 그런데 아직도 지금의 이 젊은이들을 계속 학생이라 부르며 어린아이 취급을 한다. 생각을 바꾸고 의식을 바꾸고 현실을 바꾸어야 한다. 이미 그렇게 사회에 진출해 성공한 이들이 무수히 많다는 사실을 기억하자.

"이런 상황에서 적성을 찾을 수 있을까요?"

― Q & A ―

Q.
**대학을 보내지 않자니 목표가 없어질까 걱정이 됩니다.
그리고 '뒤쳐진 아이', '무능력한 부모'로 낙인찍힐까 두렵습니다.**

A.
대학은 고등교육이 필요한, 적성에 맞는 사람들이 입학하는 교육기관입니다. 따라서 대학의 교육과정이 적성에 맞지 않는다면 마땅히 대학을 거부하고 적성에 맞는 일거리를 찾아 나서야 합니다.

우리나라는 10~20%였던 대학 진학률이 80%까지 치솟은 특이한 현상을 보였습니다. 이는 세계에서도 유례를 찾기 힘듭니다. 그 엄청난 낭비에 대해 우리 모두는 반성해야 합니다. 무엇보다 적성에도 맞지 않는 교육을 울며 겨자 먹기로 강요당한 젊은 세대에게 미안한 마음을 가져야 합니다. 대학에 가지 않는다는 것은 뒤쳐진 삶을 선택하는 것이 아닙니다. 억지로 하면 얼마든지 갈 수 있는 곳이 대학이지만, 내 적성에 맞지 않으니 스스로 가지 않는 것입니다. 쓸 데 없는 짓 하지 않고 스스로 앞서 가는 삶을 가는 것입니다. 삶의 목표는 사라지지 않습니다. 오히려 삶의 목표가 뚜렷하기에 할 수 있는 결정입니다. 나의 적성을 찾아 행복과 성공을 추구하는 것이 진짜 목표입니다.

대학에 가고 싶다면 나중에 얼마든지 가면 됩니다. 적성에 맞는 일을 하다 보면 지식이 더 필요한 때가 올지도 모릅니다. 무조건 대학에 가지 말자는 것이 아니라, 대학이 당장 시급하지 않은 분야에서는 나중에 가고 싶을 때 가자는 것입니다.

Q.
**우리나라는 아직도 획일적인 입시 교육에 매달려 있습니다.
이런 상황에서 어떻게 적성 찾기 교육을 할 수 있을까요?**

A.
아이의 적성이 학문 연구나 의학, 법학 등 다년간의 공부가 필수적인 분야에 맞는다고 판단되면 지금의 교육과정을 따라 좋은 성적을 받도록 하고 대학에 보낼 준비를 하면 됩니다. 반면, 그런 분야가 아닌, 일찍부터 취직을 해 전문적인 실력을 초기에 집중적으로 쌓아야 할 분야에 적성이 맞다면 과감하게 대학을 거부하고 '선 취업'을 선택할 수 있도록 해야 합니다.

그 어떤 아이들이 되었든, 학교에서 적성을 찾을 수 있는 가장 중요한 방법은 아이들이 어떤 과목을 공부하고 싶어 하고 잘하는지 발견하는 것입니다. 모든 과목을 달달 외워 무조건 높은 점수를 받게 하는 것이 아니라, 적성에 맞는 과목이 무엇인지 알고 그 과목들을 통해서 적성을 계발합니다. 전 과목 100점이라는 야망을 포기하고 '선택과 집중'에 따른, 적성에 맞는 공부를 열심히 하는 것이죠. 나머지 과목은 기초만 배우는 정도로도 충분합니다.

학교가 적성 찾기에 적극적으로 나서지 않는 상황에서 부모가 할 수 있는 일은 다양한 체험의 기회를 만들어 주는 것입니다. 디자인에 관심이 있다거나, 요리를 해 보고 싶다거나, 나무 가꾸기에 흥미를 느낀다면 직접 체험할 수 있는 기회를 만들어 주십시오. 사교육도 이런 것이라면 마다할 이유가 없습니다. 그리고 책을 통한 간접 체험의 기회도 늘려 주면 좋겠습니다.

7

'오늘'의 행복을 모르면
'내일'의 행복도 없다

'지금'의 행복이란 앞으로 다가올 모든 '지금'의 행복을 의미한다. '여기'의 행복이란 앞으로 자신이 처하게 될 모든 '여기'에서의 행복을 의미한다. 그렇게 모든 순간, 모든 상황에서 행복해야 한다. 행복은 항상적으로, 일상적으로 계속 이어지게 된다. 일시적으로 행복하기도 어렵거니와, 항상 행복하기란 정말 어렵다. 그래서 오히려 그것이 바로 우리가 추구하는 '꿈 중의 꿈'이다.

"퇴사할까요?"

∞

　세상을 살다 보면 모두 내 마음대로 되지 않는다. 내 적성을 알고 있기에 그에 맞는 일을 하려 해도, 당장은 어쩔 수 없이 적성에 맞지 않는 일을 해야 할 경우도 생긴다. 적성에 맞지 않는 일을 하는 것은 인생에 있어서 위기라고 할 수 있다. 일을 억지로 할 때는 우선, 신바람이 나지 않는다. 그러다 보면 성과와 능률도 오르지 않는다. 그리고 여기저기서 사건과 사고, 사람들과의 충돌이 발생한다. 이럴 땐 어떻게 해야 할까? 잘 생각해 보지 않으면 안 된다.

　가장 좋은 방법은 그 일을 당장 때려치우는 것이다. 젊은 시절에 잘나가는 회사에서 퇴사하는 이들이 있다. 자신의 적성을 찾아 떠난 것이라면 얼마든지 지지할 일이다. 그러나 말처럼 쉽지만은 않다. 당장 생계의 문제가 걸려 있다든가 피치 못할 사정으로 바로 중단하기

7장

어려울 수 있다. 그렇다면 그 영향을 최소화할 방법을 찾을 수밖에 없다. 알바를 구하더라도 가장 잘 할 수 있는 일을 찾거나, 다니던 회사 내에서라도 비교적 부담이 적은 쪽을 찾는 것이다.

나의 경우 검사가 적성이 맞지 않는다는 사실을 발견한 것은 초임 시절을 막 지날 무렵이었다. 하지만 결과적으로 무려 24년이나 근무했다. 내가 그토록 오랫동안 사표를 내지 못한 데는 개인적인 사정이 있었다. 어머니 때문이었다.

아들이 고시에 합격하고 검사로 재직한다는 사실을 어머니는 무척 자랑스럽게 생각하셨다. 그도 그럴 것이 여성으로 일제강점기에 경성사범을 마치고 교직에 계셨던 분이다 보니 교육열이 엄청 강하셨다. 그 당시 사회 분위기에서는 아들의 직업이 자랑할 만한 소재였던 것이다. 그런 어머니를 모시고 살면서 차마 사표를 낸다는 말씀을 드릴 수 없었다. 그래서 미루고 미루다 세상을 떠나시기 얼마 전 드디어 사표를 낼 수 있었다. 그렇다면 그동안 어떻게 검사 생활을 했을까?

현실적인 대안을 찾아 가급적 청소년 관련 분야에 조금이라도 가까울 수 있는 자리만을 골라 다녔다. 그런 자리는 대부분 남들이 원치 않았기에 경쟁이 치열하지 않았다. 그러다 보니 내 인사이동을 내 마음대로 하고 다닌 셈이다. 서울보호관찰소장, 법무부 관찰과장, 사법연수원 교수, 청소년보호위원회 초대 위원장 같은 자리가 모두 그런 자리다. 꼭 잘 한 일이라고는 할 수 없으나 차선책으로 적성을 따라 그렇게 찾아다녔다.

부득이하게 현재 상황을 바꾸기 정말 어려운 경우가 있을 수 있다. 그렇다면 그 일을 계속 하면서 극복하는 길밖에 없다. 불편과 고통을 소화해 내는 것이다. 취미, 봉사에서도 적성에 맞는 일을 하면서 도움을 받을 수 있다. 그러면서도 적성에 맞는 일을 찾는 작업을 쉬지 않기를 권한다.

이런 일은 마치 예상치 못한 갑작스런 재앙이 닥쳤을 때의 대처와 비슷하다. 길을 지나는데 갑자기 건물에서 벽돌이 떨어진다거나, 운전 중에 뒤의 차가 느닷없이 들이받는 경우처럼 말이다. 이럴 때 필요한 것이 바로 초월적 의지다. 이런 상황을 최소화하기 위해서라도 미리미리 자신의 적성에 맞는 일을 하루라도 빨리 찾는 것이 삶의 행복을 지키는 길이 될 것이다.

7장

인생 4모작 시대가 왔다

∽

　우리 사회에서 스타 운동선수처럼 젊은 시기에 최고의 자리에 오른 이들은 자신의 노력은 물론 부모님이나 조력자들이 마음을 모아 최선의 선택을 도와주었기에 가능했을 것이다. 한마디로 일찍부터 적성 찾기에 성공한 인물들이라고 할 수 있다. 그들은 자신의 적성으로 세상에 두각을 나타냈으며 온 세상 사람들을 즐겁게 해 주었다.

　문제는 그다음이다. 한때 스타로 등극했어도 이후부터는 무엇을 하며 살아야 하느냐다. 그들 앞엔 전혀 새로운 세계가 펼쳐져 있을 뿐이다. 쉽게 생각해 운동선수라면 같은 계통에서 지도자 생활을 하면 되지 않겠느냐고 생각할 수 있다. 당연히 가능하다. 또 어느 정도 지도자 생활이 가능할 것이다. 그러나 딱히 그의 적성에 맞느냐고 묻는다면 이는 별개의 일이다. 사업가적인 적성이 있거나 방송·연예적인 적성이 있을 수 있고 또 다른 적성이 숨겨져 있을 수도 있다. 어떤 적성이 있는지는 아무도 모른다. 오직 자신만이 안다. 그들에게 또 다른 숙제가 주어진 셈이다.

이들처럼 한때 두각을 드러내지는 않았어도 이미 취직한 젊은이들 중에 진로 때문에 고민하는 이들이 많다. 최근의 한 조사를 보면 대졸 신입사원의 1년 내 퇴사율이 30%에 육박한다고 한다. 많은 스펙을 쌓아 취직에 성공했지만 자아실현의 욕구를 충족시켜주지 못한다는 이유에서다. 이들은 이제 비로소 적성 찾기에 나서는 입장이 되었다.

요즘에는 나이 50 중반만 되면 다니던 회사에서는 퇴직의 압박이 시작된다. 미리미리 퇴직을 준비하는 이들도 많이 늘었다고 한다. 퇴직준비생을 뜻하는 '퇴준생'이라는 말도 생겼다. 퇴직 후 인생 2막에서 무엇을 할 것인가가 화두로 대두되는 것이다. 그런데 이 시기에 퇴직을 하고 실수하는 이들이 많다. 사실 나이 50이면 자녀들은 학교에 다니거나 이제 막 사회생활을 할 때이기에 그동안의 뒷바라지로 남아있는 돈도 많지 않을 때다. 한 푼이 아쉬운 때이기에 '무엇을 하면 쏠쏠하게 돈이 잘 벌릴까?'를 제일 먼저 골똘히 궁리하곤 한다. 그 결과로 흔히들 치킨집이나 빵집을 하면 좋다는 소문을 듣고 투자

7장

를 한다. 그 일이 계속 잘 된다면 얼마나 좋겠는가? 불행하게도 수년 안에 밑천까지 까먹는 이들이 적지 않았다. 사업 경험이 없기도 했지만 기본적으로 적성에 맞지 않았기 때문이다. 자신의 적성은 생각해 보지도 않고 그저 전망이 어떤지, 돈이 잘 벌릴지에 대해서만 생각하다가 실패를 한 것이다.

적성은 인생 2막에도 끊임없이 찾아야 한다. 인생 2모작이나 3모작이 아니라 기대수명 100세 시대가 오면 이도 모자라 4모작을 해야 할지 모른다. **아무리 나이가 들어도 내 가슴 속에서 지금 진정으로 하고 싶어 하는 것이 무엇인지를 골똘히 탐색해 보자. 그 무엇인가가 분명히 있다.** 생각이 나지 않는다면 그동안 제대로 찾아볼 생각을 하지 못했기 때문이다. 늦었다고 생각되지만 지금이라도 시작하는 것이 가장 빠른 길이다. **평생 끊임없이 적성을 찾다 보면 과거에는 상상하지 못했던 여러 기회들이 펼쳐질 것이다.**

한 우물만 파라는 말을 조심하라

연예인 강호동 씨는 잘 알려져 있듯 본래 씨름 선수였다. 그것도 천하장사 출신이다. 그런 그가 한창 씨름에 올인했던 젊은 시절에 연예인이 될 것이라고 생각해 보았을까? 우연히 TV에 출연을 하다 보니 그 어디엔가 꿈틀거리던 연예인 끼가 발휘되기 시작한 것이다. 역대 대통령 중에 상업고등학교나 공업고등학교를 다닌 이들이 3명이나 된다. 예전 표현으로 실업계 출신이다. 이들이 학창시절에 대통령까지 할 것이라고 상상했을까? 살아가는 과정에서 새로운 문물에 부딪치면서 적성이 새롭게 발견되고 발휘된 것이다.

'한 우물만 파라'는 말도 조심스럽게 받아들여야 한다. 무조건 1가지 일만 열심히 하라는 뜻으로 받아들여서는 안 된다. 일평생 동안 몇 가지 직업을 가지게 될지 예측할 수 없는 시대다. 적성을 찾고

7장

융합하는 과정에서 1가지로 못 박지 말아야 한다. 꾸준히 적성을 계발하면서 새로운 문물이 등장하면 끊임없이 탐색해야 한다. 시대의 흐름이 적성에 맞아 변화가 필요하다면 결단하는 지혜도 필요하다. 변화의 기준 역시 내 적성이다. 적성이 다양하므로 살아가면서 그때마다 적성을 찾고 융합을 시도해야 한다.

적성은 젊은 시절 한번에 찾아지지 않는다. 아무리 애써도 찾아지지 않다가 뒤늦게 발견하는 경우는 체험해볼 기회가 늦게 나타났기 때문이다. 그래서 늘 적성을 찾으려는 자세가 중요하다. 그렇게 꾸준히 찾고 융합하면 미처 알지 못했던 절묘한 길이 계속 창조된다. 똑같은 사람이 없듯, 나만의 길이 만들어지는 것이다.

그동안 우리 젊은이들이 적성을 제대로 찾지 못했던 것은 그들 개인의 책임이 아니다. 우리 사회가 이 중요한 문제를 제대로 인식하지 못했고, 적용하지도 않았기 때문이다. 그러나 무엇보다 중요한 것은 매 순간 도전하며 삶을 꾸려갈 우리 아이들과 젊은이들에게는 사회의 변화를 기다릴 여유가 없다는 사실이다. 그러니 더딘 변화가 원망스럽더라도 이대로 주저앉을 수는 없다. 적성을 찾는 것을 미룰 수는 없는 것이다. 나의 적성은 스스로 찾을 수밖에 없다는 절체절명의 과제를 믿고 도전해야 한다. 자신의 타고난 적성을 찾아 도전하자. 나의 길은 내가 찾고, 내가 만드는 것이다.

평생 계속할 자기발견 습관

적성 찾기는 일평생 적성에 맞는 삶을 찾기 위한 기본적 습관을 기르는 것이다. 시도 때도 없이 반복하고 체질화해서 삶을 스스로 개척해 나갈 수 있는 역량을 키우는 것이다. 특히 청소년, 젊은이들에게 습관으로 갖추게 하기 위해서는 일정 간격을 두고 집중적으로 사색하고 궁리하도록 지도할 필요가 있다. 구체적으로 해 보면 자신을 관찰하고 탐색하는 것이 일상화되는 경향을 발견할 수 있다. 그리고 시간이 지나면서 그때그때 내용이 바뀐다는 사실도 발견하게 된다. 오늘과 내일이 다르고, 올해와 내년이 또 다르다. 왜일까? 다른 이유가 아니다. 지금은 하고 싶다 생각했지만, 조금만 시간이 지나도 관심이 없어지는 경우가 있는가 하면, 이번에 하고 싶다고 생각해 체험했지만 적성이 아닌 경우도 있기 때문이다.

7장

이런 현상을 어떻게 볼까? 매우 자연스러운 현상이고, 자신을 열심히 탐색했다는 증거다. **적성 찾기와 융합하기는 '지금 이 순간'의 적성을 찾고 융합하는 것이다. 변한다는 것은 당연하고 발전 가능성이 있는 현상으로 받아들이면 된다.**

"아직 적성을 찾지 못했다."고 말하는 경우가 많다. 이럴 때는 2가지 경우를 생각할 수 있다.

먼저, 적성이 아니라 진로 찾기를 못했다는 의미일 수 있다. 적성 찾기는 진로 찾기가 아니다. 적성을 찾고, 그것들을 융합해 진로를 찾는다는 것을 앞에서 설명했다. 다른 하나는 적성 찾기 자체를 못했다는 의미일 수 있다. 적성 찾기의 의미를 이해하지 못했거나 체험을 많이 못했다는 것이다. 정답은 없다. 그 자체를 즐겨야 한다.

적성 찾기는 일평생의 과업이면서 매 순간의 과업이기도 하다. 놀이공원에서 이것을 탈까, 아니면 저것을 탈까? 혹은 뷔페에서 한식을 먹을까, 양식을 먹을까? 하는 순간도 모두 적성과 관련이 있다. 일상 속에서도 나에게 충실하고 적성에 따라 사는 연습이 필요하다.

유혹이나 과욕, 허영에 빠져서는 안 된다. 순간의 선택에도 적성을 기준으로 삼아야 한다. **적성 찾기가 평생 찾기라는 설명은 매순간 찾기라는 의미다.** 이것이 자아발견이요, 자아실현이기 때문이다.

적성의 삶 실천하기

∞

적성의 삶을 실천하기 위한 구체적인 과제들을 '적성 탐색', '적성 진출' 그리고 '적성 도전'의 3가지로 나누어 살펴보자.

'적성 탐색' 3가지 과제

첫째, 매사에 내 적성에 맞는지 자문하고 자답하자.
"내가 하고 싶은 것이 맞나?", "내가 잘하는 것이 맞나?", "내가 하고 싶은 것과 잘하는 것의 공통부분 맞나?" 하며 스스로에게 수시로 묻고 답한다. 꼭 이런 질문이 아니더라도 수시로 자신에게 질문하는 것은 바로 자기발견을 통한 자아실현의 첫 걸음이다.

둘째, 하고 싶은 일이 생기면 소홀히 여기지 않고 반드시 체험하자.

무언가 하고 싶다는 느낌이 온다면 바로 체험한다. 적성은 한꺼번에 모두 드러나지 않는다. 계속 체험하고 또 체험해야 한다. 막상 체험했더니 자신의 것이 아니라고 판단되면 과감하게 버리자. 그래도 체험의 결과도 쓸모없는 것이 아니기에 잘 정리해두자.

셋째, 지금까지 찾은 적성들을 미루지 말고 마음껏 발휘하자.

적성에 맞는 일이 발견되면 발휘할 수 있는 기회를 찾아 나선다. 기회가 없다고 방치하지 않는 것이다. 적성에 맞는 일을 하다 보면 즐길 수도 있고, 그 과정에서 새로운 아이디어나 더 넓은 시각을 얻을 수 있고 관련한 또 다른 일을 시작할 동기를 얻을 수도 있다. 적성이 또 다른 적성을 찾게 하는 것이다.

'적성 진출' 3가지 과제

첫째, 고등학교 졸업 후 70%는 취업하고, 30%는 진학을 하자.

70%의 학생은 고등학교 때부터 직업 기초 교육의 기회를 찾고 참여한다. 그리고 30%의 학생은 대학 진학과 함께 독립적 학습 자세를 갖춘다. 고등학교를 졸업하면 더 이상 어린아이가 아니다. 독립적

사회인이라는 사실을 잊지 말자.

둘째, 직장은 간판보다 적성으로 선택하자.

적성을 무시하고 무조건 월급 많은 곳, 수도권에 있는 곳, 이름 있는 곳 등을 쫓아다니지 말자. 적성에 맞는 곳인지를 먼저 살펴보도록 하자. 무엇보다 중요한 것은 적성이다.

셋째, 사회에 첫 발을 내딛었다면, 용감하게 결혼하자.

고등학교를 졸업할 무렵은 인간의 세포 수가 절정에 달하는 때다. 신체적으로 가장 왕성한 시기이고, 정신적으로도 성숙한 때다. 일찍 취업하고 일찍 결혼해 자리를 잡는 풍토를 만들자. 옛 어른들은 '아이들이 태어날 때 자신의 밥그릇은 들고 태어난다'고 했다지만, 그대로 믿자는 것은 아니다. 다만, 가정을 꾸리고 2세를 맞이하는 것에 대한 두려움을 떨쳐버리자.

'적성 도전' 3가지 과제

첫째, 돈, 권력, 출세보다 적성을 기반으로 전문가가 되자.

돈을 많이 벌 수 있어도 적성에 맞지 않다면 과감히 포기하자. 적성에 맞지 않는 사업에 손을 댔다가 실패하는 사례를 답습하지 말자는 것이다. 모두가 적성을 찾은 전문가로 우뚝 설 수 있다. 탐욕적 세상에 맞서 실력 위주의 전문가가 되자.

둘째, 변화를 선택할 때는 적성을 기준으로 삼자.

잘 다니던 회사가 어려워져 새로운 직장을 구한다거나, 새롭게 인생 2막을 시작하는 등 언젠가는 큰 변화의 시기를 맞이하게 될 것이다. 이런 변화 앞에서는 반드시 적성을 최우선으로 생각하자. 일평생 몇 개의 직업, 몇 개의 직장을 거칠지 아무도 모른다. 현명한 선택의 기준은 그 무엇도 아닌 적성이다.

셋째, 사회운동, 봉사 활동도 적성을 따르자.

적성은 직업에서만 중요한 것이 아니다. 다른 모든 활동에서도 중요하다. 사회운동, 봉사 활동, 취미 등 모든 일에서도 적성을 따르자는 것이다. 자신이 정말 '하고 싶고, 잘할 수 있는 일'인지를 기준으로 삼자.

적성은 이 세상에 태어날 때 타고난 소명이자 삶의 이유라 할 수 있다. 적성을 탐색하고 마음껏 발휘하는 것이 행복한 삶이고 성공의 길이다.

적성 찾기는 아이들만의 과제가 아니다. 온 국민의 실천 과제다. 나와 공동체가 함께 행복하기 위한 것이다. '나부터 행복'하기는 나만의 행복이 아니라 그것을 시작으로 공동체가 함께 행복하기 위함이다. 사회적 시선이 아닌, 눈치 보지 않고 스스로 행복해지고, 그 행복이 널리 퍼져 우리 모두의 사회가 행복에 이르는 것이다.

온 국민의 적성 찾기 운동은 정치, 경제, 사회, 문화, 국제 관계까지 송두리째 바꿀 것이다. 적성 찾기 교육이 확실히 실현되면, 수많은 중소기업에 우수 인력이 몰려들 것이고 역량이 강화될 것이다. 저마다 적성에 따른 활동으로 경제와 산업 등 모든 분야의 효율과 개척성이 높아질 것이다. 돈이나 권력을 우선하던 풍조가 개개인의 적성을 중시하는 풍조로 바뀔 것이다. 모든 분야의 가치 지향이 전면적으로 바뀌고 국민의 행복지수가 놀랍게 높아질 것이다.

우리네 삶의 참된 성공이란, 나부터 '최상의 행복'을 찾는 것이다. 그것이 바로 '가장 성숙한 행복'이고 '가장 고차원적인 행복'이다.

7장

나는 어디에서 행복을 찾고 있나?

∞

사람들이 삶에서 추구하는 가치는 크게 2가지로 나눌 수 있다. 하나는 물량적 가치, 다른 하나는 심신적 가치다.

물량적 가치는 외부에 드러나는 것으로 외형적 · 물질적 · 사회적 · 외면적 가치들이다. 그 크기나 분량이 측정 가능하다고 할 수 있는 가치들이다. 돈 · 권력 · 감투 · 사회적 지위로부터 조직 · 세력 · 단체 · 이념 · 사상 · 명예 · 출세 · 인기 · 관계 · 인맥 · 인연 · 체격 · 미모 · 쾌락 · 소유 · 직업 · 기타 활동 등등 종류도 가지가지다.

반면에 심신적 가치는 눈에 보이지 않는, 인간의 자연 원형의 몸과 마음의 온전함과 건강함을 추구하는 가치다. 따라서 그것은 인간이 원초적으로 타고난 것으로 믿는 가치, 즉 사랑과 자비와 인의 가치요, 정의와 공의의 가치다. 내면적 · 정신적 · 자아적 가치들이다.

그래서 쉽사리 계산하고 측정하기가 어려운 면이 있다.

인간의 삶은 이 2가지 가치가 지배한다고 할 수 있다. 그러나 그중 어떤 가치에 치중하고 행복을 어디에서 찾을 것인가는 전적으로 개인의 자유의지다. 심신적 가치를 우선할 것인가, 물량적 가치를 우선할 것인가는 전적으로 선택에 달린 것이다.

그런데 몸과 마음이 건강하고 또 행복하지 않으면 돈이나 권력, 지위·명예·인기 따위가 무슨 소용일까? 또 사랑과 자비와 인이 없고 정의와 공의가 없는 돈이나 권력, 명예와 이념, 미모는 무슨 의미가 있을까? 만일 물량적인 것들이 그러한 수준에 머무는 것이라면 그것들은 죄다 쓰레기 같은 것들로 전락한 것일 것이다. 행복은 결코 거기에서 오지 않는다는 것을 우리 모두는 잘 안다.

간혹 모든 말과 행동에서 사람의 체온이 느껴지지 않는 이를 만나곤 한다. 돈이나 권력이 그 사람의 모든 것을 조종하는 것처럼 느껴지는 경우다. 이런 사람들에게서 돈, 권력이 빠져나간 그는 어떤 모습이 될까 궁금해진다.

물량적 가치는 포장적 가치, 또는 표피적 가치라고 할 수 있다. 반면에 심신적 가치는 본질적 가치, 또는 주인적 가치라고 할 수 있다. 사람은 본질적 가치를 지향해야 한다. 그리고 표피적 가치는 필요한 만큼 적절한 수준을 유지하는 것으로 족하다. 그렇기에 물량적

7장

가치는 어디까지나 삶에 있어서 수단이나 방법에 불과하다. 꿈이나 목표의 차원에서 말하자면 단기적인 꿈·목표 또는 중간적인 꿈·목표라 할 수 있다.

사람은 돈이나 권력에 의해 사는 것이 아니다. 심신적 가치에서 길을 찾는 것이 삶의 궁극적 목표를 실현하는 길이다. **삶의 궁극적 목표, 즉 최상의 행복은 심신적 가치에 있다.** 그저 돈, 권력 등 물량적 가치에 현혹되어 심신적 가치를 망각하거나 배척할 때 수많은 불행의 씨앗이 시작된다.

내 안의 사랑과 자비, 인의 가치 그리고 정의와 공의의 가치를 실현해야 한다. 사랑과 자비와 인의 가치는 나와 공동체를 사랑하는 것이다. 나를 사랑하는 것에는 내 적성을 사랑하는 것을 포함한다. **적성을 찾는 것은 자아발견의 가장 핵심이다. 자아발견 없이 자아실현은 없다.**

'오늘'의 행복을 모르면, '내일'의 행복도 없다

지금 이 순간, 최상의 행복

∽

　최상의 행복을 누리려면 어떻게 해야 할까? 우리네 삶이 추구하는 궁극적인 목표를 실현하려면 어떻게 접근해야 할까? 3가지 측면을 생각해 본다.
　첫째, 시기적으로 지금 이 순간, 현재부터 행복해야 한다. '지금, 여기의 행복'이다.
　우리 삶의 궁극적인 꿈은 먼 미래의 꿈인가, 아니면 지금 당장의 꿈인가? 대체로 꿈이라고 하면 앞으로 다가오는 미래의 어느 날에 이루어지는 것이라고 생각하는 경향이 많다. 오늘 당장의 일이 아니라 내일의 일이라고 생각하는 것이다. 그러나 이는 매우 잘못된 생각이다. 여기에 우리네 삶의 궁극적인 꿈까지 내일의 일이라고 생각하는 것은 정말 잘못된 일이다.

7장

　우리는 내일 무슨 일이 어디서 어떻게 일어날지 아무도 모른다. 오죽하면 스피노자가 내일 세상이 망한다 해도 오늘 사과나무를 심겠다고 했겠는가.

　스티브 잡스는 2005년 스탠퍼드 대학 졸업식에서 "꿈을 이루기엔 시간이 너무 부족합니다. 그러니 항상 갈망하며 우직하게, 매일을 인생의 마지막처럼 살기 바랍니다."라고 말했다. 이렇게 매일을 인생의 마지막인 것처럼 산다면 그 매일은 처참할 정도로 고통스럽고 불행하지 않을까? 내 생각은 반대다. '오늘이 남은 인생의 첫 날'이라는 마음으로 매일을 행복으로 살아가는 것이 옳은 길이라고 본다.

　미래를 대비하고 준비하는 자세는 옳다. 하지만 내일을 위해 오늘을 희생하고 담보 잡히는 일은 옳지 않다. 이 불행은 언제 행복하게 해줄 수 있을까? 아무런 보장이 없다. 예측도 불가능하다. 오늘의 불행은 아무런 가치가 없다. 오히려 지금 여기, 오늘의 행복이 내일의 행복 보다 훨씬 더 중요하고 결정적이다. '궁극적인 꿈'이란 먼 훗날이나 미래의 어느 날에 달성되기를 바라는 목표가 아니다. 지금 이 순간 여기에서 달성되어야 할 꿈이다.

　내일 좋은 일을 맞이해 즐거워하고 행복하려면 오늘부터 즐겁고 행복할 줄 알아야 한다. **행복은 습관이다. 오늘부터 행복할 줄 아는 습관을 들여야 내일 어떤 일이 생기더라도 행복할 수 있다.** 행복은 지금, 오늘부터인 것이다.

'지금'의 행복이란 앞으로 다가올 모든 '지금'의 행복을 의미한다. '여기'의 행복이란 앞으로 자신이 처하게 될 모든 '여기'에서의 행복을 의미한다. 그렇게 모든 순간, 모든 상황에서 행복해야 한다. 행복은 항상적으로, 일상적으로 계속 이어지게 된다. 일시적으로 행복하기도 어렵거니와, 항상 행복하기란 정말 어렵다. 그래서 오히려 그것이 바로 우리가 추구하는 '궁극적인 꿈', '꿈 중의 꿈'이다.

둘째, 몸과 마음이 함께 행복해야 한다. 이것이 '전인적 행복'이다. 전인적 행복이란 몸과 마음이 함께 누리는 행복이다. 심신일여心身一如라는 말처럼 몸과 마음은 하나다.

마음의 행복을 위해 좋은 생각, 좋은 정서, 좋은 감정을 가져야 한다. 긍정적 사고, 낙관적 시각 등이 모두 그런 것이다. 우울·분노·억울함·시기·질투·증오·탐욕·욕망 등의 부정적 감정은 물론이고 그 뿌리가 되는 상처를 치유해야 한다. 마음이 건강하고 온전해야 몸도 건강하고 온전해진다.

마찬가지로 몸의 행복도 똑같이 추구해야 한다. 몸의 행복을 위해 좋은 음식을 먹고, 좋은 공기를 호흡하고, 좋은 물을 마셔야 한다. 운동을 하고, 좋은 잠을 자야 한다. 몸이 건강하고 온전할 때 마음도 건강하고 온전해진다. 몸과 마음이 똑같이 보살펴져야 한다. 그

7장

것이 몸과 마음의 전인적 행복이다.

셋째, 나뿐만 아니라 공동체가 함께, 크고 넓게 행복해야 한다. 바로 '홍익적 행복'이다. 나를 넘어 우리 온 인류와 함께 하는 행복을 말한다. 나의 행복이라 하면 나만의 이기적 행복으로 오해될 수 있다. 사실 내가 진정으로 행복하면 그 행복은 넘쳐 공동체를 향하게 되어 있다. 나의 행복이 공동체의 행복에 반하면 이것은 진정한 행복이 아니다. 나의 행복은 공동체의 행복과 함께 가야 한다.

나와 공동체가 함께 하는 정신이 '애기愛己 · **애타**愛他 · **홍익**弘益**' 의 정신이다. 내가 나를 사랑하고 타자를 사랑하고 더 나아가 더 크고 넓게 사랑하는 것이다.** 애기애타는 안창호 선생이 사용한 말이다. '자애自愛 · 타애他愛'와 같은 뜻이다. 나를 넘어 타자를 사랑하는 애타 · 타애 · 이타는 곧 공존 · 공생 · 공영을 의미한다.

애기애타가 더욱 커 갈 때 홍익을 향해 간다고 할 수 있다. 가장 크고 넓은 사랑을 의미할 때 홍익이라는 표현이 가장 적절할 것으로 보인다. 더욱 크고 넓게 유익이 되게 한다는 의미이기 때문이다. 기독교에서 이웃을 사랑하는 데에서 나아가 원수까지도 사랑하라고 가르치는 것이나, 불교에서 자비와 보살 정신을 강조하는 것도 모두 같은 맥락이다.

내가 나를 사랑하는 것이 바로 내가 행복한 것이다. 나의 행복이

'나'에게서 시작하는 '우리'의 행복

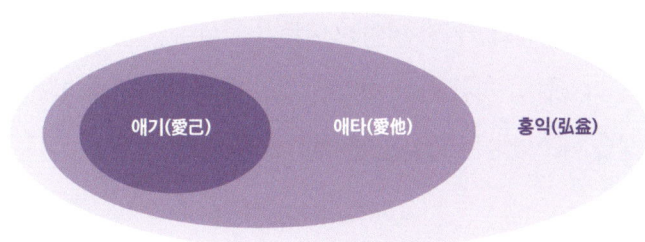

란 곧 내가 나를 사랑하는데서 나온다. 내가 나를 사랑한다고? 세상에 내가 나를 사랑하지 않는 사람도 있는가 하고 물을지 모른다. 그렇다. 세상에는 정말 나를 사랑하지 못하는 사람이 너무 많다.

자살하는 사람을 보자. 내가 나를 사랑한다면 어떻게 내가 나를 죽일 수 있겠는가? 지금 대한민국의 자살률은 세계 최고 수준이다. 도대체 대한민국 국민들이 행복하지 않다는 증거다. 전 국민의 행복지수가 저 밑바닥인 것과 일맥상통한다.

내가 나를 사랑한다는 것은 내가 나의 잘난 점을 사랑하는 것만을 의미하지 않는다. 오히려 나의 부족한 점, 못 난 점, 혹시나 장애를 가지고 있다면 그 장애까지도 사랑하는 것을 의미한다. 그런 사랑이야말로 내가 지금 행복하다는 증거다.

7장

이처럼 자기 사랑이 넘치는 이들은 자신도 모르게 그 사랑이 타자를 향한다. 사람은 이미 태어날 때부터 천성적으로 이런 속성을 타고났다. 그것들이 지금 다른 사악한 것들에 의해 가려져 있을 뿐, 그런 속성을 타고났다는 사실은 분명하다.

우리네 삶의 가장 궁극적인 목표, 즉 궁극적인 꿈이, '지금 여기의 행복', '전인적 행복', '홍익적 행복'이라고 한다면, 이는 역설적으로 말하면 그만큼 사람들은 행복하기 어렵다는 의미가 되기도 한다.

행복하기란 사실 참 어렵다. 우리 모두가 행복하다면 왜 그리 인상을 쓰고, 짜증을 내고, 화를 내며 살겠는가? 왜 싸움을 하고 전쟁을 하고, 왜 사람을 죽이고 스스로 목숨을 끊겠는가?

사람의 삶은 본래 고통이라 한다. '고해'라는 말이 그래서 나왔다. 종교적으로 기독교에서는 '원죄'라 하고, 불교에서는 '업보'라 한다. 사람은 모두 고통을 타고났다는 데는 공통적이다. 그러나 반대로 그 말은 곧 우리네 삶이 그런 고통을 극복하고 행복을 찾아가는 여정이라는 말과 같다. 우리는 "고통 속에서 행복을 찾으라."는 소명을 갖고 태어났다는 의미다. 순간순간의 고통을 순간순간의 행복으로 바꾸어가는 것이 우리네 꿈의 가치인 것이다.

"내일은 어떤 의미일까요?"

— Q&A —

Q.

**인생 2막에 하고 싶은 일도 많고, 잘하는 일도 많습니다.
하지만 돈이 없다는 것이 가장 큰 문제입니다.**

A.

누구나 인생에서 절정기를 몇 번 만난다고 하지만, 인생 2막이 또 다른 측면에서 인생의 절정기라 할 수 있습니다. 수많은 인생 경험을 쌓았고 노하우도 하늘을 찌를 정도입니다. 그런데 퇴직을 했습니다. 요즘 같은 100세 시대에 남은 시간을 무엇을 하며 살아야 할까요?

한마디로 말하자면, 이 시기에도 적성에 맞는 일을 찾아야 합니다. 물론 적성에 맞는 일을 하기 위해 돈이 필요할 수 있습니다. 그만한 돈이 준비되어 있다면 다행입니다. 만약 돈이 없어서 하지 못한다면 그것은 불가항력적으로 주어진 여건이기에 포기해야 합니다. 그리고 또 다른 적성을 찾습니다. 적성에 맞는 다른 일은 얼마든지 있습니다. 그리고 적성을 발휘하는 데 반드시 돈이 필요한 것은 아닙니다. 돈을 들이지 않고도 적성을 발휘할 길을 찾는 것입니다.

여러 가지 유혹이 있을 수 있습니다. 그중에서도 가장 경계해야 할 것이 있습니다. 노욕에 빠져서는 안 됩니다. 잘못된 유혹에 현혹 되어서는 안 됩니다.

자신의 적성을 발휘하면서 대가를 바라지 않는 것은 더 좋은 방법입니다. 쉽게 말해 봉사나 재능기부가 될 수 있겠습니다. 봉사는 엄청난 가치가 있는 작업입니다. 어쩌면 인생 2막 이후의 삶은 봉사와 헌신의 시간일 수도 있습니다.

Q.

삶의 궁극적 목표가 '지금, 여기의 행복'이라면 내일에 대한 준비, 내일의 목표를 정하고 열심히 일하는 것은 무의미한가요? 내일은 우리에게 어떤 의미일까요?

A.

지금 이 순간을 강조하면 내일은 무슨 의미가 있는지 의문이 듭니다. 지금 이 순간을 즐기고 말자는 것이 아니냐는 의문도 생깁니다.

사람에게는 누구나 내일이 있습니다. 다만, 내일 무슨 일이 일어날지는 그 누구도 모른다는 것을 기억해야 합니다. 내일은 오늘의 연장이라는 사실에 주목할 필요가 있습니다. 오늘을 '생의 마지막 날'이라 생각하고 자신을 채찍질해서는 안 됩니다. 오히려 오늘은 '남은 생의 첫 번째 날', '내일을 향한 첫 걸음'이라고 생각하고 자신을 응원해야 합니다. 오늘이 충만해야 그 속에서 내일을 더 잘 계획하고 준비할 수 있습니다.

내일은 계획을 세우는 대상입니다. 그러나 내일에 매몰되어서는 안 됩니다. 내일에 집착하면 그만큼 오늘을 소홀히 하게 됩니다. 에너지 총량의 법칙 같은 것입니다. 내일의 새로운 계획을 세우고 희망을 갖되, 오늘 누리는 최상의 행복 위에서 추진해야 합니다.

우리의 삶은 '지금, 여기'에서 펼쳐지고 있습니다.

에필로그

'일'찍 '취'직해서 '월'급 받고 '장'가가자

∞

적성 찾기가 삶의 행복지수를 높인다

　요즘 온통 행복을 말한다. 여러 정부도 행복국가를 만든다 했고 지자체들도 행복도시, 행복마을을 만들겠다고 약속했다. 그래서 온갖 복지사업, 문화사업, 경제정책 등을 추진했다. 그런데 그보다 더 쉬운 지름길이 있다. 그것을 놓치고 주변에서 온갖 고생만 한다는 느낌이다. 그것이 무엇일까? 바로 국민 모두가 저마다 타고난 적성을 찾아 마음껏 하고 싶고 잘하는 일을 하게 하는 것이다.

　우선 어린이와 청소년들이 적성을 찾을 수 있도록 도와야 한다. 그래서 삶에서 행복을 느끼도록 해야 한다. 일찍부터 적성을 찾아가면 만족하는 삶을 살 수 있다. 이런 사람들이 모여 사회를 바꾸고 나라를 바꾼다.

결과적으로 적성 찾기는 온 국민의 행복지수를 올라가게 한다. 돈이 많든 적든, 남들이 알아주던 알아주지 않던, 지금 내가 행복하다는데 누가 어떤 말을 하겠는가.

청년실업을 해소하고 중소기업 강국을 만든다

지금 우리는 청년실업률이 심각하다. 그런데도 여러 중소기업에서는 사람을 구하지 못해 안달이다. 왜 이런 현상이 생겼을까? 사람들은 청년들의 눈높이가 너무 높다고 한다. 이는 잘못된 시각이다. 비판을 하려면 눈높이의 문제가 아니라 적성 찾기의 문제로 보아야 한다. 적성의 중요성을 인식하고 그에 딱 맞는 일자리를 찾으면 좋겠지만 그렇지 않다고 말해주는 것이다. 동시에 그런 교육을 제대로 시행하지 못한 책임은 전적으로 기성세대에 있음도 고백해야 한다.

자신의 적성을 발휘할 수 있는 곳이라면 거창하게 스펙을 쌓지 않아도 일할 수 있는 곳은 얼마든지 있다. 일자리가 중요한 게 아니라 일거리가 중요하다. 일거리야말로 내 적성을 마음껏 발휘할 수 있는 도구이기 때문이다.

더 중요한 것은 그 많은 중소기업과 자영업자들의 태도다. 그들에게는 인력이 필요하다. 그래서 사람을 쓰려는 것인데, 젊은이들을 함부로 취급하거나 무시해서는 절대로 안 된다. 그저 돈벌이의 수단으로 때가 되면 버리는 소모품으로 생각해서는 안 되는 것이다. 무엇보다 근무환경을 혁신해야 한다. 저임금으로는 청년들이 절대 찾아오지 않는다. 그리고 청년들을 아무 자리에 배치하는 것이 아니라 적성을 발휘할 수 있는 적재적소에 배치해야 한다.

이렇게 해서 적성을 찾은 우수한 청년들이 중소기업을 찾아 취직하게 된다면 어떤 현상이 나타날까? 우선 청년실업이 해결된다. 그동안 적성은 무시하고 괜찮은 직장만을 찾아다녔다면 이제 간판보다 적성을 우선했기 때문이다. 남들이 알아주지 않는 직장이라도 일찌감치 취직했지, 제 적성에 맞아 만족감도 최상이지 더는 바랄 게 없다. 일찌감치 제 적성을 찾아 취업부터 하는 것이 더 큰 발전을 위한 튼튼한 기반이 된다.

적성에 맞춰 우수한 청년들이 찾아온 중소기업은 과거보다 놀라운 발전을 하게 될 것이다. 청년들은 제 적성에 맞는 일을 하므로 최상의 능력을 발휘할 것이고, 거기에 놀라운 창의력과 상상력도 배가 될 것이다. 생산성은 높아지고 실적은 커질 것이다.

이는 청년들에게도 놀라운 자기발전의 기회를 제공하는 것이 된다. 중소기업은 대기업보다 다양한 경험을 할 수 있다. 대기업에서는 주어진 한정된 업무에 집중하지만 중소기업에서는 훨씬 더 폭 넓은 많은 일들을 할 수 있기 때문이다.

지금 우리나라는 몇 되지 않는 대기업에 지나치게 의존하고 있다. 너무 위험하다. 독일이나 스위스, 북유럽 국가들과 같은 중소기업의 국가로 변신을 해야 한다. 그렇지 않고는 지금의 저성장을 벗어나기 힘들다. 게다가 4차 산업혁명 시대는 몇몇 대기업들의 독식을 그대로 두지 않을 것이다. 적성 찾기가 대한민국을 바꾸고 경제를 바꾼다.

적성 찾기는 일자리를 만든다

적성 찾기는 중소기업에서 일자리를 창출하지만, 창업 또한 적성 찾기다. 지금 세계적으로 유명한 기업가들은 대부분 젊은 시절 자신의 적성을 발휘해 창업한 사람들이다. 적성은 무서운 괴력을 가지고 있다. 새로운 세상을 만들고 새로운 직장을 만들어낸다.

적성 찾기의 일자리 창출은 인생 2막이나 3막에서도 마찬가지다. 이들은 대체로 기존에 잘 알려진 일자리에서 소일할 수 있는 길을 찾

에필로그

는 경우가 많다. 특히나 어디에서 어떤 사업을 벌이거나 어디에 투자를 하면 노후에 용돈을 좀 더 얻을 수 있을까에 집착하기도 한다. 그런데 꼭 그 길밖에는 없을까? 오히려 이때는 젊은 시절처럼 이것저것 눈치 보고 구속 받을 일도 없지 않은가? 더구나 인생을 마무리하는 과정에서 무엇보다 행복감 속에서 여생을 마무리할 수 있다면 훨씬 더 좋지 않을까?

자신의 적성에 맞는 일로 작지만 의미 있는 일을 할 수 있다면 얼마나 좋을까? 꼭 큰 돈 벌이가 되지는 않는다 하더라도 자신의 적성에 맞는, 꼭 해보고 싶고 잘하는 일을 통해 작게는 동네에, 크게는 사회에 보탬이 되는 일을 할 수 있다면 얼마나 좋을까? 이런 일거리는 역시 또 하나의 일자리 창출이다.

개인에게는 행복을, 사회적으로는 또 다른 생산성을 발휘한다. 보이는, 또 보이지 않는 엄청난 변화를 세상에 가져 온다. 일자리보다 중요한 것은 일거리다. 적성에 맞는 일거리는 일자리를 창출하고 이를 통해 나를 행복하게 하고 사회를 도약하게 한다.

'일'찍 '취'직해서 '월'급 받고 '장'가가자

요즘 '일취월장日就月將'이라는 말이 재미있게 쓰이고 있다. 원래 '날로 달로 나아간다'는 뜻이지만 요즘은 '일찍 취직해서 월급 받고 장가가자'는 의미라고 한다. 지금 현실과 떨어진 말이어서 쉽게 공감하기 어려운 면이 있을지 모른다. 그러나 사실 알고 보면 진짜 맞는 말이다.

앞서 고등학교를 졸업할 때가 일생 중 가장 신체적으로 왕성한 시기라고 말했다. 신체적으로 왕성하다는 의미는 무엇일까? 신진대사와 혈액순환이 활발함은 물론이고 건강하고 튼튼하고 힘에 세다는 의미도 있을 것이고, 과격한 체육 종목의 적기가 이때라든가 하는 등의 여러 가지 의미가 있을 것이다. 결혼이라는 측면에서 본다면 어떠할까? 이때가 바로 결혼의 최고 적령기라고 볼 수 있지 않을까 하는 점이다.

얼마 전까지만 하더라도 20대가 지나기 전에 대부분 결혼을 했다. 그런데 언제부턴가 결혼 연령이 계속 늦춰졌다. 지금은 30대 만혼 현상까지 나타나고 있다. 도무지 연애나 결혼을 안 할 뿐더러 출산은 엄두도 내지 못한다는 것이다. 그 원인은 무엇일까? 전적으로 사회경제적인 요인 때문이다. 개개인의 신체적, 정신적 요인은 아닌 것이다.

저마다 대학을 가니 4년이 미뤄진다. 남자는 군대도 다녀온다. 그래서 또 2년이 미뤄진다. 게다가 '취직을 해야 결혼도 하지' 하고 생각한다. 그러고 나서도 집 마련할 돈, 아이 낳으면 들어갈 육아비 등을 갖춰야 한다고 걱정을 한다. 도무지 이렇게 생각이 많으니 누가 어떻게 결혼을 할 수 있겠는가?

충분히 이해할 수 있다. 그래서 이런 상황에서 무조건 빨리 결혼하라고 말하는 것은 그들을 불편하게 할 뿐이다. 세상의 풍조가 그런 형편인데 나 혼자도 아니고 뜻을 같이 하는 짝을 구하고자 하는 것이니 어찌 쉽게 되겠는가?

그래서 아이디어를 하나 낸다. 고등학교를 졸업하면 곧바로 대학에 가지 않고 대학은 나중에 가기로 한 후 먼저 직장에 취업을 하고 남녀의 짝을 찾아 데이트부터 시작하는 것이다. 결혼식도 거창하게 할 필요가 없다. 가족과 아주 가까운 친지들만을 모시고 간소하고 작은 결혼식을 한다. 형편이 어려운 젊은 부부를 위해서는 국가가 나서야 한다. 지금까지 엄청난 예산을 투입하고도 결혼 기피, 저출산 문제를 해결하지 못하는 것은 이처럼 근본적인 접근은 생각지도 못하고 형식적인 접근만 해 온 탓이다.

확실히 '일찍 취직해서 월급 받고 장가가자'는 말은 현 시대에 가장 정곡을 찌르는 말이다. 요즘 같이 대학을 졸업해도 취직은 안 되고, 그래서 결혼은 꿈도 꾸지 못하는 저출산 사회에서 일취월장이라는 말은 결코 허투루 들리지 않는다. 부모세대는 젊은이들이 용기를 내어 소신을 가지고 결혼을 할 수 있는 풍토를 만들어 주어야 한다.

우리 아이들이 살아갈 미래에는 지금껏 경험하지 못한 놀라운 일들이 기다리고 있을 것이다. 그 변화 앞에서 당당히 맞서고 두려워 않고 성장하도록 제대로 돕는 것이 우리 부모들이 할 일이다.

아이들의 적성이 제일 중요하다. 그 무엇을 시키려고 고민하지도, 남들은 무엇을 하고 있는지, 얼마나 앞서 있는지 신경 쓸 필요도 없다. 아이들이 적성 찾는 것을 믿어주고 스스로 삶을 개척하도록 돕자. 알 수 없는 내일을 준비시키며 빼앗았던 아이들의 오늘을 다시 돌려주자. 그래서 오늘, 여기의 행복을 누리는 삶을 살도록 하는 것이다. 진짜 행복을 맛본 사람이 세상도 바꿀 수 있다.

우리 모두 지금, 바로 시작하자.

부록

'적성 발견'
'진로 탐색'
워크북

사람은 타고난 적성이 모두 다르다고 했습니다. 그렇기에 모두 다른 삶을 살도록 계획되어 있다는 뜻입니다. 자녀의 적성을 존중하고 숨겨진 적성을 찾도록 돕는 것이 부모가 해야 할 첫 번째 일입니다.

워크북 266페이지부터는 집에서도 부모님과 아이가 함께 적성 발견과 진로 탐색에 활용할 수 있는 활동지를 수록했습니다. 가이드를 잘 읽고 아이와 함께 작성해보시기 바랍니다. 그리고 아이뿐만 아니라 부모님도 새로운 적성 발견과 그에 따라 인생 2막의 또 다른 진로를 탐색하는 데 활용할 수 있습니다.

1 꿈에 대해 나누기
  - 나의 꿈
  - 나의 어릴 때 꿈

2 적성 찾기
  - 하고 싶은 일 찾기
  - 잘하는 일 찾기
  - 하고 싶은 일과 잘하는 일의 공통부분 찾기

3 진로 찾기
  - 발견한 적성 융합하기

4 발견한 적성을 바탕으로 나의 꿈 다시 정리하기
  - 적성에 기반한 나의 꿈

1 꿈에 대해 나누기 step 1

나의 꿈			
구분	1순위	2순위	3순위
나의 꿈은?			
그 꿈을 갖게 된 계기나 이유는?			
그 꿈은 실현 가능할까요? 아니면, 막연히 생각해보는 수준일까요?			
그 꿈을 실현하기 위한 준비를 하고 있나요? 준비하고 있다면 구체적으로 어떤 준비를 어떻게 하고 있나요?			
그 꿈은 언제쯤 이루어질 수 있을까요?			
그 꿈은 어느 분야에 해당할까요? (예 : 직업, 취미, 봉사, 기타)			
그 꿈의 주체는 누구인가요? (예 : 나, 가족, 친척, 공동체 등)			
그 꿈이 이루어지면 무엇을 얻을 수 있을까요? (예 : 돈, 권력, 지위, 명성, 인기 등)			

잠시 생각할 시간을 주고 3가지 정도의 꿈을 우선순위에 따라 작성하도록 합니다.

이 활동지 작성에서 가장 중요한 점은 '꿈'에 대한 솔직한 마음을 알아보고 아이 스스로 돌아보는 기회를 주는 것입니다.
부모님께서는 아이가 생각을 제한하지 않도록 꿈이 무엇인지, 어떻게 작성하는 것이 좋은지 이야기 하지 않습니다.

1 꿈에 대해 나누기 step 2

나의 어릴 때 꿈			
해당하는 곳에 표시하기	유, 초, 중, 고, 대	유, 초, 중, 고, 대	유, 초, 중, 고, 대
나의 어릴 때 꿈은?			
그 꿈을 갖게 된 계기나 이유는?			
그 꿈이 이루어질 수 있다고 생각했나요?			
그 꿈은 언제쯤 이루어지길 기대했나요?			
그 꿈을 갖도록 했던 자세한 정보가 있었나요?			
그 꿈을 이루기 위해 실제로 노력을 했나요?			
그 꿈을 지금도 가지고 있나요?			
그 꿈을 포기했다면 이유는 무엇인가요?			
그 꿈을 포기한 것을 후회하고 있나요?			

잠시 생각할 시간을 주고 어릴 때 가졌던 꿈을 작성하도록 합니다.

앞의 '나의 꿈' 활동지와 마찬가지로 이 활동지에서도 아이의 솔직한 마음을 볼 수 있도록 꿈이 무엇인지, 어떻게 작성하는 것이 좋은지 이야기 하지 않습니다.

'나의 꿈'과 '나의 어릴 때 꿈'을 작성해 보면 그동안 가지고 있던 꿈이라는 것이 얼마나 뜬구름 잡는 것이었는지 발견하게 됩니다.

2 적성 찾기 step 1

혹 '노는 것'이라고 한다면 놀지 않을 때 하고 싶은 것이 있는지, 놀 때 무엇을 하면서 놀고 싶은지 물어봅니다.

실제로 체험했던 것이 무엇인지 분명하게 구분해야 그 안에서 적성을 발견할 수 있습니다.

체험해 보지 않은 하고 싶은 일은 구체적인 계획을 아이가 스스로 세워서 새로운 적성을 발견할 수 있는 기회를 만들도록 부모님께서 도와주세요.

나의 하고 싶은 일		
하고 싶은 일	직접 체험해본 경우 ○표시하고 느낌 쓰기	직접 체험해보지 않은 경우 ×표시하고 계획 세우기

본격적으로 적성을 찾는 첫 단계입니다. 부모님께서는 아이들이 '좋아하는 감정'이 아닌, '행동으로 옮기려는 의지'가 담긴 하고 싶은 일을 작성하도록 도와주세요.

2 적성 찾기 step 2

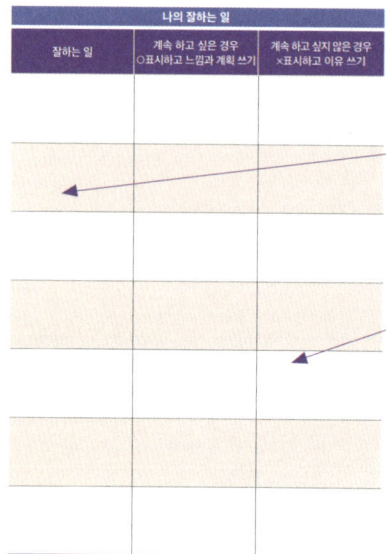

남을 괴롭히는 등 나쁜 행동을 잘한다고 한다면 그 속에서 뛰어난 체력, 리더십 같은 장점을 발견하도록 도와주세요.

잘하는 일이라고 해도 반드시 계속 하고 싶지 않을 수 있습니다. 왜 그렇게 생각하는지 구체적으로 설명할 수 있도록 합니다. 혹 상처를 받아서라면 위로하고 마음을 풀도록 돕고, 억지로 했던 일은 아니었는지 잘 살펴봅니다.

잘하는 일이란 타고난 재능, 가지고 있는 탤런트를 찾는 것입니다. 직접 체험하지 않는다면 잘하는 일인지 아닌지 확인할 수 없습니다. 그렇기에 부모님께서는 반드시 직접 체험해본 일 중에서 잘하는 일을 작성하도록 도와주세요.

2 적성 찾기 step 3

나의 하고 싶은 일		
하고 싶은 일	직접 체험해본 경우 ○표시하고 느낌 쓰기	직접 체험해보지 않은 경우 ×표시하고 계획 세우기

'하고 싶은 일' 중 직접 체험한 것과 '잘하는 일' 중 계속 하고 싶은 것의 공통부분을 찾습니다. 이것이 나의 적성이 됩니다.

'하고 싶은 일' 중 체험해 보지 않은 일들과 '잘하는 일' 중 하고 싶지 않은 일들은 '진흙 속 진주'와도 같습니다. 지금은 그렇더라도 시간이 지나거나 환경이 변하면 달라질 수 있음을 기억합니다.

나의 잘하는 일		
잘하는 일	계속 하고 싶은 경우 ○표시하고 느낌과 계획 쓰기	계속 하고 싶지 않은 경우 ×표시하고 이유 쓰기

이론적으로 생각하면 '하고 싶은 일' 중에서 '잘하는 일'로 확인되었다면 이미 목록에 반영되어 있을 것입니다. 공통부분을 찾다 보면 미처 생각하지 못했던 것들이 생각나기도 합니다. 그럴 경우 보충할 기회를 주어 생각하지 못했던 새로운 적성을 발견하도록 도와주세요.

'하고 싶은 일'과 '잘하는 일'은 어디까지나 '지금, 여기'의 작업입니다. 내년, 다음 달, 내일 다시 작성해 보면 새로운 것이 등장할 것입니다.

3 진로 찾기

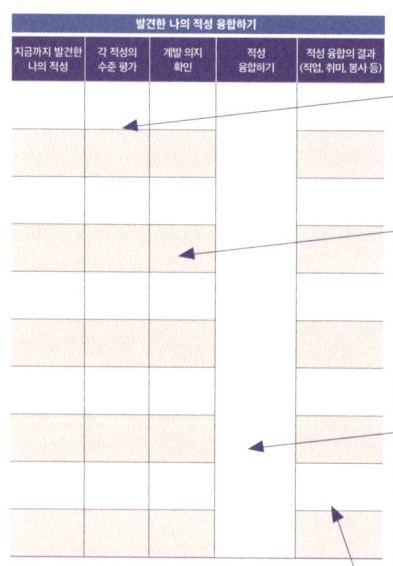

적성의 수준은 스스로 평가합니다. 이것은 객관적인 잣대로 평가할 방법도 없고, 그럴 필요도 없습니다.

나의 적성이 확인되었더라도 지금 현재는 어쩔 수 없이 활용할 수 없는 상황일 수 있습니다. 포기가 아닌 보류라는 점을 기억하도록 도와주세요.

여러 적성들을 2가지, 3가지 혹은 그 이상을 제한 없이 자유롭게 융합해 봅니다. 여러 적성은 한 번만 사용할 수 있는 것이 아닙니다. 자유롭게 여러 적성을 융합할 수 있다는 점을 지도해주세요.

적성의 융합 결과는 직업에만 한정되지 않습니다. 취미나 봉사 등 다양한 길을 생각하도록 도와주세요.
지금은 취미인 것이 훗날 직업이 될 수도 있고, 직업으로 봉사를 할 수도 있습니다.

적성을 자유롭게 융합한 결과 나타난 다양한 진로를 살펴보면서 지금 현재 상황에서 열정뿐만 아니라 현실로 이뤄낼 수 있는 실력도 필요함을 기억해야 합니다. 만약 지금 당장 할 수 없지만 꼭 가고 싶은 진로라면 구체적으로 어떤 것을 준비하면 좋을지 생각하도록 도와주세요.

4 발견한 적성을 바탕으로 나의 꿈 다시 정리하기

적성에 기반한 나의 꿈			
구분	지금, 여기의 꿈	가까운 미래의 꿈	먼 미래의 꿈

다양한 적성을 발견했고 이를 융합해 새로운 진로도 찾아 보았다면 다시 처음으로 돌아가 적성에 기반을 둔 꿈을 적어봅니다. 맨 처음 적었던 꿈과 비교하면 확연히 다른, 구체적인 이야기들이 작성되는 것을 볼 수 있을 것입니다.

이처럼 나의 적성을 발견하게 되면 뜬구름 잡는 꿈이 아닌, 구체적인 목표와 확실한 의지가 담긴 꿈을 꾸게 됩니다. 그런 꿈은 삶을 움직이는 원동력이 됩니다.

나의 꿈			
구분	1순위	2순위	3순위
나의 꿈은?			
그 꿈을 갖게 된 계기나 이유는?			
그 꿈은 실현 가능할까요? 아니면, 막연히 생각해보는 수준일까요?			
그 꿈을 실현하기 위한 준비를 하고 있나요? 준비하고 있다면 구체적으로 어떤 준비를 어떻게 하고 있나요?			
그 꿈은 언제쯤 이루어질 수 있을까요?			
그 꿈은 어느 분야에 해당할까요? (예 : 직업, 취미, 봉사, 기타)			
그 꿈의 주체는 누구인가요? (예 : 나, 가족, 친척, 공동체 등)			
그 꿈이 이루어지면 무엇을 얻을 수 있을까요? (예 : 돈, 권력, 지위, 명성, 인기 등)			

나의 꿈			
구분	1순위	2순위	3순위
나의 꿈은?			
그 꿈을 갖게 된 계기나 이유는?			
그 꿈은 실현 가능할까요? 아니면, 막연히 생각해보는 수준일까요?			
그 꿈을 실현하기 위한 준비를 하고 있나요? 준비하고 있다면 구체적으로 어떤 준비를 어떻게 하고 있나요?			
그 꿈은 언제쯤 이루어질 수 있을까요?			
그 꿈은 어느 분야에 해당할까요? (예 : 직업, 취미, 봉사, 기타)			
그 꿈의 주체는 누구인가요? (예 : 나, 가족, 친척, 공동체 등)			
그 꿈이 이루어지면 무엇을 얻을 수 있을까요? (예 : 돈, 권력, 지위, 명성, 인기 등)			

나의 어릴 때 꿈			
해당하는 곳에 표시하기	유, 초, 중, 고, 대	유, 초, 중, 고, 대	유, 초, 중, 고, 대
나의 어릴 때 꿈은?			
그 꿈을 갖게 된 계기나 이유는?			
그 꿈이 이루어질 수 있다고 생각했나요?			
그 꿈은 언제쯤 이루어지길 기대했나요?			
그 꿈을 갖도록 했던 자세한 정보가 있었나요?			
그 꿈을 이루기 위해 실제로 노력을 했나요?			
그 꿈을 지금도 가지고 있나요?			
그 꿈을 포기했다면 이유는 무엇인가요?			
그 꿈을 포기한 것을 후회하고 있나요?			

나의 어릴 때 꿈			
해당하는 곳에 표시하기	유, 초, 중, 고, 대	유, 초, 중, 고, 대	유, 초, 중, 고, 대
나의 어릴 때 꿈은?			
그 꿈을 갖게 된 계기나 이유는?			
그 꿈이 이루어질 수 있다고 생각했나요?			
그 꿈은 언제쯤 이루어지길 기대했나요?			
그 꿈을 갖도록 했던 자세한 정보가 있었나요?			
그 꿈을 이루기 위해 실제로 노력을 했나요?			
그 꿈을 지금도 가지고 있나요?			
그 꿈을 포기했다면 이유는 무엇인가요?			
그 꿈을 포기한 것을 후회하고 있나요?			

나의 하고 싶은 일		
하고 싶은 일	직접 체험해본 경우 ○표시하고 느낌 쓰기	직접 체험해보지 않은 경우 ×표시하고 계획 세우기

나의 하고 싶은 일		
하고 싶은 일	직접 체험해본 경우 ○표시하고 느낌 쓰기	직접 체험해보지 않은 경우 ×표시하고 계획 세우기

나의 잘하는 일		
잘하는 일	계속 하고 싶은 경우 ○표시하고 느낌과 계획 쓰기	계속 하고 싶지 않은 경우 ×표시하고 이유 쓰기

나의 잘하는 일		
잘하는 일	계속 하고 싶은 경우 ○표시하고 느낌과 계획 쓰기	계속 하고 싶지 않은 경우 ×표시하고 이유 쓰기

지금까지 발견한 나의 적성	각 적성의 수준 평가	계발 의지 확인	적성 융합하기	적성 융합의 결과 (직업, 취미, 봉사 등)

발견한 나의 적성 융합하기

발견한 나의 적성 융합하기				
지금까지 발견한 나의 적성	각 적성의 수준 평가	계발 의지 확인	적성 융합하기	적성 융합의 결과 (직업, 취미, 봉사 등)

적성에 기반한 나의 꿈			
구분	지금, 여기의 꿈	가까운 미래의 꿈	먼 미래의 꿈

적성에 기반한 나의 꿈			
구분	지금, 여기의 꿈	가까운 미래의 꿈	먼 미래의 꿈

지은이 강지원

EBS 〈교육대토론〉을 3년간 진행하며 다음 세대에 대한 열정과 이해, 교육제도에 대한 진단과 대안을 보여주었다. 그는 행복과 성공의 열쇠는 가까이에 있다고 말한다. 그것은 바로 자신의 타고난 '적성'을 발견하는 것. 다수의 방송 진행과 출연, 강연 활동을 통해 친근하고 따뜻한 이미지로 잘 알려진 저자는 사람들을 만나고 자신의 생각을 전하는 지금의 삶이 적성에 맞아 행복하다고 한다.

서울대 졸업과 동시에 행정고시를 통과한 후 사법고시에 수석으로 합격하며 흔히 말하는 '엘리트 코스'를 거쳤다. 하지만 왜 이 길을 가는지 고민하지 않았고, 그저 시키는 대로 했던 삶은 결코 행복하지 않았다고 고백한다. 초임 검사 시절 만난 비행 청소년들이 새로운 삶을 찾도록 도우면서 자신의 적성이 무엇인지 깨달았고 그제야 행복을 느꼈다.

24년간의 공직 생활 중에도 서울보호관찰소장과 청소년보호위원회 초대 위원장 등 다음 세대를 위한 활동을 멈추지 않았다. 검찰을 떠난 후에는 타고난적성찾기국민실천본부 상임대표, 위즈덤적성교육원 총재 등으로 활동하며 평생 계속될 자기발견 습관인 적성 찾기에 대해 알리고 있다.

이 책에서는 적성에 대해 알기 쉽고 명확하게 설명하면서 아이들은 물론이고 부모도 함께 적성을 찾을 수 있는 구체적인 솔루션을 제안한다. 저자의 가이드를 따라 적성 찾기를 매 순간의 습관으로 가지게 된다면 어떤 상황에서도 흔들리지 않고 누구도 가지 않은, 나만의 길을 발견할 수 있을 것이다.

꿈 같은 거 없는데요

2018년 3월 12일 초판 1쇄 발행
지은이 · 강지원

펴낸이 · 김상현, 최세현
책임편집 · 김선도 | 디자인 · 김애숙
마케팅 · 김명래, 권금숙, 양봉호, 임지윤, 최의범, 조히라
경영지원 · 김현우, 강신우 | 해외기획 · 우정민
펴낸곳 · ㈜쌤앤파커스 | 출판신고 · 2006년 9월 25일 제406 - 2006 - 000210호
주소 · 경기도 파주시 회동길 174 파주출판도시
전화 · 031 - 960 - 4800 | 팩스 · 031 - 960 - 4806 | 이메일 · info@smpk.kr

ⓒ 강지원(저작권자와 맺은 특약에 따라 검인을 생략합니다)
ISBN 978-89-6570-602-1 (13590)

- 이 책은 저작권법에 따라 보호받는 저작물이므로 무단전재와 무단복제를 금지하며, 이 책 내용의 전부 또는 일부를 이용하려면 반드시 저작권자와 ㈜쌤앤파커스의 서면동의를 받아야 합니다.
- 이 책의 국립중앙도서관 출판시도서목록은 서지정보유통지원시스템 홈페이지(http://seoji.nl.go.kr)와 국가자료공동목록시스템(http://www.nl.go.kr/kolisnet)에서 이용하실 수 있습니다. (CIP제어번호:CIP 2018005805)
- 잘못된 책은 구입하신 서점에서 바꿔드립니다. • 책값은 뒤표지에 있습니다.

> 쌤앤파커스(Sam&Parkers)는 독자 여러분의 책에 관한 아이디어와 원고 투고를 설레는 마음으로 기다리고 있습니다. 책으로 엮기를 원하는 아이디어가 있으신 분은 이메일 book@smpk.kr로 간단한 개요와 취지, 연락처 등을 보내주세요. 머뭇거리지 말고 문을 두드리세요. 길이 열립니다.